POR QUE VOCÊ NÃO QUER MAIS IR À IGREJA?

Uma história sobre o verdadeiro sentido do amor de Deus

WAYNE JACOBSEN
E DAVE COLEMAN

ARQUEIRO

tradução
André Costa

preparo de originais
Regina da Veiga Pereira

revisão
Ana Lucia Machado, Cristiane Pacanowski, José Tedin, Luis Américo Costa e Maria Beatriz Branquinho da Costa

projeto gráfico e diagramação
Valéria Teixeira

capa
Miriam Lerner

impressão e acabamento
Cromosete Gráfica e Editora Ltda.

CIP-BRASIL. CATALOGAÇÃO-NA-FONTE
SINDICATO NACIONAL DOS EDITORES DE LIVROS, RJ

J18p Jacobsen, Wayne, 1953-
Por que você não quer mais ir à igreja? / Wayne Jacobsen e Dave Coleman [tradução de André Costa]. Ed. Popular. – São Paulo: Arqueiro, 2011.
144p.; 14 x 21 cm

Tradução de: So you don't want to go to church anymore
Apêndice
ISBN 978-85-8041-015-0

1. Ficção cristã. 2. Ficção americana. I. Coleman, Dave. II. Costa, André. III. Título. IV. Série.

11-3836 CDD 813
CDU 821.111(73)-3

Rua Funchal, 538 – conjuntos 52 e 54 – Vila Olímpia
04551-060 – São Paulo – SP
Tel.: (11) 3868-4492 – Fax: (11) 3862-5818
E-mail: atendimento@editoraarqueiro.com.br
www.editoraarqueiro.com.br

1

ESTRANHO, MUITO ESTRANHO

Naquele momento ele era a última pessoa que eu gostaria de ver. Meu dia já tinha sido suficientemente ruim e agora com certeza ia ficar pior.

Mas lá estava ele. Um pouco antes entrara no refeitório, indo direto à geladeira para pegar um suco de frutas. Pensei em me esconder debaixo da mesa, mas logo me dei conta de que estava velho demais para isso. Talvez ele não me visse naquele canto nos fundos. Olhei para baixo e escondi o rosto com as mãos.

Pelas frestas dos dedos pude ver que ele se virou, recostou-se no balcão e ficou bebendo seu suco enquanto examinava o salão. Aí, ao perceber que não estava só, olhou para mim e, demonstrando surpresa, partiu em minha direção. Por que aqui? Por que logo esta noite?

Tinha sido de longe o pior dia de uma batalha longa e atormentada. Desde as três da tarde, quando a asma fizera a primeira tentativa de sufocar Andrea, nossa filha de 12 anos, estávamos em vigília, lutando por sua vida. Corremos logo com ela para o hospital, acompanhando, angustiados, seu esforço para respirar, e ficamos assistindo à luta dos médicos e enfermeiras contra a doença.

Admito que não sei lidar bem com isso, apesar de toda a prática que tenho acumulado. Minha mulher e eu vimos testemunhando o sofrimento de nossa filha desde seu nascimento, sem saber quando uma crise súbita, com risco de morte, poderá nos mandar às pressas para o hospital. Vê-la sofrer me deixa com muita raiva. Por mais que nós e tantas outras pessoas oremos por ela, a asma só piora.

Finalmente a medicação fez efeito e ela começou a respirar melhor. Minha mulher foi para casa tentar dormir um pouco e tranquilizar seus pais, que tinham ficado com nossa outra filha. Eu passei a noite ao lado de Andrea. Quando ela afinal adormeceu, vim até o refeitório em busca de algo para beber e de um lugar tranquilo para ler. Estava me sentindo elétrico demais para dormir.

Aliviado por encontrar o lugar deserto, pedi uma xícara de café e me sentei nas sombras de um canto mais afastado. Estava tão revoltado que mal conseguia pensar direito. *O que foi que eu fiz de tão errado para minha filha precisar sofrer tanto? Por que Deus ignora meus pedidos desesperados para que ela fique curada?* Alguns pais se queixam de ter que bancar o motorista para os filhos. Mas eu nem sequer sei se Andrea vai sobreviver ao próximo ataque de asma e me preocupa pensar que os esteroides com que ela vem sendo tratada acabem retardando seu crescimento.

E agora, bem no meio dessa raiva em que eu me deixava afundar, ele vinha se intrometer no meu santuário privativo. Enquanto caminhava em direção à minha mesa, eu sinceramente cheguei a pensar em lhe dar um murro na boca caso ele ousasse abri-la. Mas no fundo eu sabia que não era capaz de fazer isso. Minha violência é só interna, não se mostra do lado de fora, onde possa ser vista.

Jamais conheci alguém mais decepcionante do que o João. Fiquei empolgadíssimo na primeira vez que nos encontramos, porque achei que nunca tinha encontrado alguém mais sábio. Mas ele só me causou aborrecimentos. Desde que surgiu na minha vida, perdi o emprego com que sonhara durante tantos anos, fui afastado da igreja que tinha ajudado a fundar havia 15 anos e até meu casamento entrou numa turbulência que nunca acontecera antes.

Para que se entenda quanto me sinto frustrado, será preciso retroceder até o dia em que vi João pela primeira vez. Por mais incrível que tenha sido o começo, não se compara a tudo o que veio depois.

Minha mulher e eu comemoramos nosso décimo sétimo aniversário de casamento com uma viagem de três dias à praia de Prismo, no litoral da Califórnia. Ao voltarmos para casa no sábado, paramos em San Luis Obispo para almoçar e fazer umas compras. O centro comercial todo restaurado é o principal atrativo da região, e naquele dia ensolarado de abril as ruas estavam apinhadas de gente.

Depois do almoço, cada qual foi para um lado. Eu fui dar uma olhada nas livrarias enquanto minha mulher percorria as lojas de roupas e presentes. Como terminei meu passeio mais cedo, sentei-me na mureta de uma loja para saborear um sorvete de chocolate.

Não pude deixar de observar uma discussão acalorada que ocorria um pouco mais acima na rua. Quatro estudantes universitários e dois homens de meia-idade distribuíam panfletos azuis brilhantes e gesticulavam ferozmente. Eu tinha visto aqueles panfletos antes, enfiados nas palhetas dos limpadores de para-brisa dos carros e espalhados pelo meio-fio. Eram convites para uma peça sobre o fogo do inferno que estava sendo apresentada numa igreja local.

– Quem vai querer ir a uma produção de segunda categoria como essa?

– Nunca mais ponho os pés numa igreja!

– A única coisa que aprendi na igreja foi a me sentir culpado!

– Frequentei durante muito tempo a igreja, saí cheio de cicatrizes e nunca mais volto lá!

Era uma verdadeira competição para ver quem ia acrescentar o próprio veneno.

– De onde é que aquela gente arrogante tira a ideia de que pode me julgar?

– Eu queria saber o que Jesus acharia se entrasse numa dessas igrejas hoje!

– Acho que não entraria.

– E, se entrasse, provavelmente dormiria entediado.

Gargalhadas soaram mais alto.

– Ou talvez morresse de rir.

– Ou de chorar – sugeriu outra voz, fazendo todo mundo parar e refletir por um momento.

– Será que ele usaria terno?

– Só se fosse para esconder o chicote com que haveria de fazer uma bela faxina.

O volume crescente da discussão chamava a atenção das pessoas, que retardavam o passo para ouvir – umas, perplexas com os ataques a algo sagrado como a religião, outras tentando dar a própria opinião.

A discussão atingiu o auge quando um dos recém-chegados pôs-se a defender a Igreja. As acusações e queixas se intensificaram. Reclamações sobre sedes e construções suntuosas, sermões hipócritas, maçantes, sempre pedindo dinheiro, e o tédio de tantas reuniões. Os que procuravam defender a Igreja viam-se forçados a admitir alguns desses pontos fracos, mas tentavam destacar muitas realizações positivas das igrejas.

Foi então que eu o vi. Devia estar na faixa entre 30 e muitos e 50 e poucos anos, difícil dizer. Era baixo e tinha os cabelos pretos ondulados e a barba desgrenhada salpicados de fios acinzentados. Vestia uma blusa verde de mangas compridas, calças jeans e tênis, e sua aparência firme e decidida fez com que eu me perguntasse se não teria sido um daqueles líderes contestadores dos anos 1960.

Na verdade, o que mais atraiu meu olhar foi sua fisionomia grave e o jeito determinado com que se encaminhou diretamente para o centro do debate. Ele pareceu se fundir à multidão, para logo emergir bem no meio dela, encarando os participantes mais ferozes. Quando seus olhos se voltaram em minha direção, fui capturado pela intensidade deles. Eram profundos – e vivos! Fiquei como que hipnotizado. O homem parecia saber o que ninguém mais sabia.

A essa altura a discussão se tornara hostil. Os que atacavam a Igreja voltavam sua raiva contra Jesus, chamando-o de impostor. Como já era de imaginar, isso deixou os defensores ainda mais furiosos.

– Espere até ter que encará-lo quando estiver ardendo no fogo do inferno – alguém vociferou.

Quando pensei que a confusão iria descambar para o corpo a corpo, o estranho lançou uma pergunta à multidão.

– Vocês realmente não fazem a menor ideia de como era Jesus, fazem?

As palavras fluíram de seus lábios com a suavidade da brisa que balançava as árvores acima de nossas cabeças, em franco contraste com a discussão acalorada que o rodeava. Mas, apesar da doçura com que essas palavras foram pronunciadas, seu impacto não se perdeu na multidão. O clamor ruidoso rapidamente se abrandou, enquanto rostos tensos davam lugar a expressões intrigadas. *Quem disse isso?* era a pergunta muda que se podia perceber nas fisionomias surpresas.

Eu ri comigo mesmo, porque ninguém estava enxergando o homem que acabara de falar. Ele era tão baixo que facilmente poderia passar despercebido. E, no entanto, intrigado com seu comportamento, eu tinha passado os últimos minutos observando-o.

Enquanto as pessoas olhavam em volta, ele repetiu a pergunta, quebrando o perplexo silêncio.

– Vocês fazem ideia de como Jesus era?

Nesse instante todos os olhares se curvaram na direção da voz e se surpreenderam ao ver o homem que falara.

– O que é que você sabe sobre isso, coroa? – um homem finalmente perguntou, a zombaria respingando de cada palavra.

O olhar de censura da multidão deixou o homem desconcertado. Ele riu sem graça e desviou os olhos, até que a atenção de todos retornou ao estranho. Mas este não parecia ter nenhuma pressa para falar. O silêncio ficou suspenso no ar, muito além do ponto de incômodo. Alguns olhares e gestos nervosos manifestaram-se na multidão, mas ninguém disse nada, e todos permaneceram onde estavam. Durante esse tempo o estranho analisou a multidão, parando para focalizar cada pessoa por um breve momento. Quando capturou meu olhar, tudo dentro de mim pareceu se fundir. Desviei os olhos instantaneamente. Após alguns segundos, olhei de volta, na esperança de que ele não estivesse mais olhando na minha direção.

Depois do que pareceu um tempo insuportavelmente longo, ele falou novamente. As primeiras palavras foram sussurradas diretamente para o homem que havia ameaçado os demais com o inferno.

– Por que você disse isso?

Seu tom de voz era suave e triste, e as palavras soavam como um convite. Não havia nelas o menor traço de ódio. Meio embaraçado, o homem revirou os olhos, como se não estivesse entendendo a pergunta.

O estranho olhou em torno por algum tempo, depois começou a falar, as palavras fluindo suavemente:

– Jesus não tinha nada de muito especial. Poderia andar por esta rua hoje e nenhum de vocês sequer o notaria. Na realidade, talvez o evitassem, pois certamente ele destoaria de todos. Mas foi o homem mais gentil que já se conheceu. Era capaz de silenciar os detratores sem precisar erguer a voz. Nunca intimidou ninguém, nunca chamou atenção para ele mesmo nem fingiu gostar do que lhe fazia mal à alma. Era autêntico até o âmago de seu ser. – Fez uma minúscula pausa. – E no âmago daquele ser existia um imenso amor. – Nova pausa. – E como ele amou! – Seus olhos se distanciaram da multidão, parecendo perscrutar as profundezas do tempo e do espaço. – A humanidade só descobriu o que era verdadeiramente o amor por intermédio dele. Mesmo os que o odiavam. Mas ele não discriminava ninguém, pois esperava que, de algum modo, pudesse fazer seus inimigos descobrirem que o amor é a essência e a realização máxima do ser humano.

A multidão parecia paralisada ouvindo-o falar.

– Ninguém foi tão honesto quanto ele. Mesmo quando suas ações ou palavras expunham os aspectos mais sombrios das pessoas, estas não se sentiam envergonhadas. Ele lhes dava total segurança, pois suas palavras não indicavam o menor sinal de julgamento, eram simplesmente um chamado para a superação e o crescimento. Qualquer um podia confiar-lhe seus mais íntimos segredos. Se algum de vocês tivesse que escolher uma pessoa para ampará-lo em seu pior momento, gostaria que fosse ele. Jesus não desperdiçava o tempo zombando dos outros, nem de suas preferências religiosas. – Olhou fixamente para os que, um momento antes, se atacavam. – Se tinha algo para dizer, ele dizia e seguia seu caminho, deixando em você a certeza de ter sido intensamente amado.

O homem se deteve, os olhos e a boca cerrados como se tentasse conter as lágrimas. Depois prosseguiu:

– Não se trata de sentimentalismo barato. Ele amava, realmente amava. Para ele não importava que fosse um fariseu ou uma prostituta, um discípulo ou um mendigo cego, um judeu ou um não judeu. O amor dele estava disponível para qualquer um. A maioria o abraçava quando o via. Os poucos que o seguiam experimentavam um frescor e uma energia que nunca iriam esquecer. De alguma forma ele parecia saber tudo a respeito deles e os amava incondicionalmente.

O homem fez uma pausa e observou a multidão. Atraídas por suas palavras, umas 30 pessoas haviam parado para escutar, com o olhar fixo e as bocas abertas de espanto. Seu depoimento era tão convincente que ninguém poderia duvidar de sua força e autenticidade. As palavras brotavam do mais profundo da alma daquele homem.

– E, mesmo pregado na cruz – os olhos do homem se voltaram para as árvores que se erguiam acima de nós –, seu amor continuou se derramando sobre todos, sem distinção. Ao se aproximar da morte, depois de um grito em que expressava seu sentimento de abandono, ele entregou sua vida ao Pai, para nos resgatar de nossos pecados. Não houve momento mais belo em toda a história da humanidade. Seu flagelo se tornou o instrumento para que sua vida fosse compartilhada conosco. Não era um louco. Era o Filho do Deus amoroso que ele manifestou durante toda a sua vida e até o último suspiro.

Quanto mais o homem falava, mais eu me deixava impressionar. Ele discorria com a intimidade de alguém que tivesse convivido muito de perto com Jesus. Lembro que na hora pensei assim: *Este homem é exatamente como eu descreveria o apóstolo João.*

No momento em que esse pensamento me passou pela cabeça, o homem se deteve no meio da frase. Virando-se para a direita, seus olhos pareceram procurar alguma coisa na multidão e subitamente se cravaram nos meus. Os pelos da minha nuca se eriçaram, e calafrios percorreram meu corpo. Ele sustentou meu olhar por um instante. Depois, um breve mas claro sorriso abriu seus lábios enquanto ele piscava e acenava com a cabeça para mim.

Pelo menos é assim que eu me lembro agora do que aconteceu. Fiquei chocado na hora. *Será que ele lê meus pensamentos? Mas que tolice! Como é que ele poderia ser um apóstolo de 2 mil anos de idade? Isso é simplesmente impossível.*

Ninguém ao meu redor pareceu perceber sua piscadela e seu sorriso. Eu estava atônito, era como se tivesse levado uma bolada na cabeça. Uma corrente elétrica percorreu meu corpo enquanto minha mente se enchia de interrogações. Eu tinha que saber mais a respeito daquele estranho.

A multidão aumentava à medida que mais e mais pessoas se aproximavam tentando ver o que se passava ali. O estranho pareceu ficar incomodado com o espetáculo em que aquilo estava se transformando.

– Se eu fosse vocês – ele disse, sorrindo para aqueles que haviam iniciado a discussão –, perderia menos tempo falando mal da religião e investiria mais para descobrir quanto Jesus deseja ser nosso amigo sem impor qualquer condição. Ele vai cuidar de vocês e, se deixarem, se tornará, de longe, seu maior amigo. Se o conhecerem melhor, vocês o amarão mais do que a qualquer outra pessoa. Ele lhes dará um propósito, um sentido de vida, que lhes permitirá superar todo estresse e sofrimento e que os transformará profundamente. Quando isso acontecer, vocês saberão verdadeiramente o que são a liberdade e a alegria.

Depois ele se virou e abriu caminho na multidão na direção oposta àquela em que eu me encontrava. Sem saber como reagir, ninguém se mexeu ou disse qualquer coisa por um instante.

Tentei vencer a multidão para poder falar pessoalmente com o homem. Seria possível que ele fosse João, o discípulo amado de Jesus? Se não, quem era? Como sabia das coisas de que falava com tamanha segurança?

Foi difícil atravessar aquela massa sem perder o homem de vista. Resolvi chamá-lo de João. Consegui chegar ao outro lado bem a tempo de vê-lo dobrar uma esquina. Dirigia-se a uma viela que ligava a área de comércio a um estacionamento.

Ele se achava apenas uns 15 passos à minha frente quando entrou na viela. Era um alívio saber que teria pelo menos uma chance de conversar com ele, já que ninguém mais o seguia. Dobrei a esquina, preparando-me para lhe pedir que parasse, mas, em vez disso, estaquei de súbito, olhando a viela.

Estava vazia. Voltei, confuso. Será que ele havia de fato entrado ali? Olhei em ambas as direções, mas não vi sua blusa verde. Eu tinha a certeza de que ele viera por ali, mas era impossível ter coberto os 40 metros da viela nos três segundos que eu levara para alcançá-la.

Meu coração disparou. Receando tê-lo perdido, saí correndo. Não havia uma porta, nenhuma passagem por onde ele pudesse ter-se enfiado. Por fim eu me vi no estacionamento olhando em todas as direções. Nada. Nenhum sinal do estranho.

Confuso, corri de volta pela viela até a rua, ansioso por encontrá-lo. Procurei por toda parte sem sucesso. Ele sumira. Fiquei no auge da frustração.

Finalmente me sentei num banco, meio desorientado. Massageei minha testa crispada, tentando formar um pensamento coerente. As ideias se atropelavam em minha cabeça. Quem era ele e o que lhe acontecera? Suas palavras haviam me tocado profundamente, e a lembrança dele piscando para mim ainda me causava arrepios.

Finalmente desisti de encontrá-lo e quis apagar da mente aquela manhã como um daqueles acontecimentos inexplicáveis na vida.

Não sabia quanto estava enganado.

2

PASSEIO NO PARQUE

Nas semanas seguintes repassei milhares de vezes os acontecimentos daquela manhã, reconstituindo as palavras do homem. A ideia de que ele pudesse ser o apóstolo João fora um delírio passageiro. No entanto, ao piscar para mim, foi como se ele tivesse admitido quem era.

Mas como João poderia estar vivo depois de 2 mil anos? Absurdo total! Teria sido uma aparição milagrosa, como quando Moisés e Elias se transfiguraram na presença de Jesus? E como é que ele fora capaz de ler a minha mente e de sumir tão facilmente de vista?

Fui então reler as palavras enigmáticas de Jesus a Pedro quando este lhe indagou sobre o futuro de João. Jesus alertou Pedro de que chegaria o dia em que os homens o levariam à morte por causa da amizade dos dois. Perturbado por essa ideia, e talvez não querendo seguir sozinho por esse caminho, Pedro apontou para João e perguntou sobre o que aconteceria com ele. A resposta de Jesus deixou todos chocados:

– Se eu quiser que ele continue vivo até a minha volta, o que você tem a ver com isso? Você deve me seguir.

João escreveu que as palavras de Jesus provocaram entre os demais discípulos a ideia de que ele não morreria. Mas, em seguida, afirmou que não tinha sido exatamente aquilo o que Jesus dissera. Obviamente, o que Jesus desejava era que Pedro seguisse a trilha que o Senhor preparara para ele, sem se comparar com os outros. Mas será que Jesus não queria dizer algo mais?

Quando contei a história à minha mulher e a alguns amigos mais íntimos, eles se limitaram a cantarolar o tema de *Além da imaginação* e a rir. A reação deles me deixou menos seguro quanto ao que havia de fato acontecido naquele dia. Mas eu não podia negar que, fosse quem fosse aquele homem, suas palavras tinham tocado o mais fundo do meu cristianismo.

Eu nunca ouvira alguém falar de Jesus daquela maneira, e a experiência provocou em mim uma fome insaciável de saber mais a respeito desse Jesus que eu pensava conhecer. Durante as semanas seguintes li novamente todos os Evangelhos, mas agora com outros olhos, procurando descobrir que espécie de pessoa ele era. Compreendi que, embora me considerasse cristão, eu não tinha a menor ideia de quem era Jesus como pessoa. Quanto mais tentava, mais frustrado ficava. Mergulhei de cabeça em meu trabalho na igreja, na esperança de sufocar as interrogações que o homem desconhecido havia despertado.

Quatro meses e meio depois daquele primeiro encontro, coisas estranhas aconteceram. Eu havia reservado uma manhã para estudar, pois surgira uma rara oportunidade de pregar nos nossos encontros religiosos das manhãs de domingo. No entanto, uma série de imprevistos me impediu de sequer abrir os livros. Foi o técnico de som que teve um problema e faltou, foi uma mulher que veio se queixar de que nossa congregação era muito pouco acolhedora. Ela vinha frequentando os cultos havia dois anos e até então ninguém a apresentara formalmente.

Em seguida, Ben e Marsha Hopkins vieram me dizer que não poderiam comparecer à reunião do grupo de casa. Seria a terceira vez seguida que iriam faltar, um mau exemplo, considerando-se que ele era meu adjunto. Quando os pressionei, eles finalmente me disseram que não estavam contentes com a igreja e que vinham considerando a possibilidade de sair. Tentei convencê-los a não fazer isso. Eu dedicara um número incalculável de horas preparando-os para liderar seu próprio grupo. Como iam sair logo agora?

– Nossos filhos estão participando de um grupo de jovens em outra igreja mais perto da nossa casa. Além disso, já faz algum tempo que estamos nos sentindo pouco à vontade com o caráter impessoal que a igreja vem assumindo.

Quando os dois chegaram à congregação, estavam prestes a se divorciar. Investi muito esforço para ajudá-los a reconstruir seu casamento. Agora, justo na hora em que tinham superado a crise e podiam dedicar-se, eles partiam em busca de novos lugares.

E, para culminar, o pastor telefonou logo após o almoço para cancelar uma reunião que, a pedido dele, eu marcara com muita dificuldade. Alegou simplesmente que não estava se sentindo bem. Furioso, precisei sair para refrescar a cabeça.

A porta do escritório denunciou minha frustração ao bater com muito mais força do que eu pretendia, assustando minha secretária e atraindo o olhar de todos. Fiz um gesto de impaciência em direção à porta e, quando olhei para trás, meus olhos se fixaram na placa tão familiar: *Jake Colsen, Pastor Associado.*

Ainda me recordo do primeiro dia em que entrei por aquela porta, surpreso pelo fato de a placa com o meu nome já estar no lugar e com medo da responsabilidade que ela depositava sobre meus ombros. Eu nunca planejara virar ministro em tempo integral, mas no dia em que entrei naquela sala senti como se todos os meus sonhos tivessem afinal se realizado. Quatro anos mais tarde esses sonhos, como sempre, mostraram-se inalcançáveis.

Filho de pais da classe operária, cresci na igreja. Mesmo nos turbulentos anos da adolescência, nunca me afastei de minhas raízes espirituais. Saí da faculdade em 1979, formado em administração, e acabei indo trabalhar como corretor de imóveis em Kingston, uma cidade na fértil região central da Califórnia. A economia havia explodido na década de 1980 e começo dos anos 1990, e assim pude construir um negócio lucrativo e uma reputação sólida.

Minha mulher e eu ajudamos a fundar a igreja para a qual trabalho agora. Havia 15 anos, descontentes com a luta pelo poder travada na igreja tradicional que frequentávamos, decidimos, com umas poucas famílias e alguns estudantes universitários, criar uma nova. Durante certo tempo nós nos reunimos em nossas casas, mas logo alugamos um prédio e abrimos as portas para a comunidade. No começo o crescimento foi lento, mas nos últimos 10 anos a igreja congregara mais de 2 mil membros, conseguimos levantar nossa sede própria e ganhamos uma equipe completa de gestão pastoral.

Dá para imaginar como fiquei envaidecido quando o pastor me convidou para integrar essa equipe de gestão, supervisionando os assuntos financeiros e auxiliando no trabalho pastoral. Eu tinha 39 anos na época, estava indo bem na minha profissão e criando duas filhas pequenas. A turma adulta da escola dominical para a qual eu dava aulas era uma das mais concorridas da igreja, e eu havia completado duas gestões na diretoria.

O pastor falou quanto precisava de mim e pediu-me para substituí-lo nas atividades em que não se sentia competente. Embora eu estivesse ganhando mais do que o suficiente na corretagem de imóveis, sabia que se tratava apenas do "deus dinheiro", como eu ouvia nos sermões, e me perguntava se não estaria desperdiçando a vida com prazeres fúteis. O que realmente importava na minha vida? Resolvi aceitar o trabalho, na esperança de dar uma trégua à culpa infindável que me atormentava.

E assim foi durante algum tempo. No primeiro ano, ou nos dois primeiros, fui absorvido pela importância de fazer parte de uma equipe que dirigia uma igreja em ascensão e ainda ter tempo para orar e estudar a Bíblia. Logo, entretanto, a carga de trabalho se tornou opressiva. Eu não só trabalhava o dia inteiro como passava cinco ou seis noites por semana fora de casa. Não tinha disponibilidade alguma para dedicar um mínimo de tempo que fosse à corretagem de imóveis, como havia planejado, para compensar a queda de rendimentos.

Quando minha frustração chegava ao auge, eu costumava buscar consolo em longas caminhadas. Dizia à minha secretária que ficaria fora por algum tempo e me dirigia para um parque duas quadras adiante. Ele era o meu refúgio mais frequente e às vezes me servia de local de oração. Naquele dia a temperatura não estava muito acima dos 30 graus – sinal de que o verão finalmente chegava ao fim e os dias mais amenos do outono se aproximavam.

Dobrando a esquina, porém, fiquei surpreso ao ver o parque repleto de crianças. Desapontado, procurei um lugar mais tranquilo onde ficar. Foi quando reparei nele – uma figura solitária sentada em um dos bancos. Mesmo àquela distância ele se parecia com o estranho que eu vira em San Luis Obispo.

Meu coração deu um salto. Eu tinha pedido muitas vezes a Deus que me desse uma oportunidade de conversar com aquele homem, mas já havia desistido de esperar. Ao imaginar vê-lo, lembrei-me daquela manhã extraordinária e da ânsia que assaltara meu coração. Eu tinha quase certeza de que não podia ser ele, mas me aproximei para conferir mais de perto.

Enquanto ia me aproximando, tinha a impressão de que a altura era a mesma e de que a compleição e a barba eram familiares, mas o homem usava óculos escuros e um boné de beisebol que dificultavam a avaliação. Parecia ter os olhos perdidos na distância, sem sequer notar minha presença.

Eu não conseguia desviar os olhos; meu coração batia descompassadamente.

E se for ele? O que é que eu faço?

Quando cheguei perto, o homem virou a cabeça, e eu imediatamente desviei os olhos. *Não pode ser ele.* Não conseguia chegar a uma conclusão. Não tinha a menor ideia do que dizer, e a hesitação era tanta que saí andando pela calçada. Havia me afastado uns 10 metros quando reuni coragem suficiente para parar e olhar para o parque, como se estivesse procurando alguma coisa. Meus olhos voltaram a recair sobre o homem no banco.

Com certeza parecia ser ele.

Sua cabeça começou a se voltar, e eu me virei de novo, sentindo-me inconveniente. Antes mesmo de me dar conta, já estava outra vez me afastando. Sentei em um banco uns 50 metros adiante e olhei novamente. O homem acabara de se levantar e seguia na direção oposta.

Oh, não! O que é que eu faço? É agora ou nunca.

Saí correndo atrás dele, até chegar tão perto que ou passava direto ou então falava.

– Desculpe, senhor! – As palavras saíram dos meus lábios sem que eu as controlasse.

Ele se deteve e virou-se de frente para mim.

– Sim? – Uma sílaba era pouco, mas a voz soou familiar.

– Desculpe lhe perguntar, mas o senhor estava há alguns meses no centro comercial de San Luis Obispo? – Os óculos escuros ocultavam qualquer expressão.

– De fato eu estive lá, sim, faz poucos meses, mas somente por alguns dias. Nós nos conhecemos?

– Não, mas alguém muito parecido com o senhor entrou numa discussão que algumas pessoas travavam na área comercial da cidade.

– É possível que fosse eu – ele respondeu, dando de ombros.

– Era uma discussão sobre religião. E o senhor, se é aquele mesmo homem, entrou no debate e falou de Jesus e de como ele realmente amava as pessoas. Isso faz sentido?

– Faz. Eu falo sempre, sobretudo com pessoas que estão em busca de conhecimentos espirituais.

– Meu nome é Jake Colsen – eu disse, estendendo a mão.

– Oi, Jake. Eu sou João – ele respondeu, oferecendo-me a sua. – E, por favor, não me chame de senhor.

A próxima respiração não me veio fácil, e tampouco as palavras seguintes. Eu sentia como se tivesse levado um soco no estômago.

– O senhor, digo, você é o mesmo homem que falou com aquelas pessoas? Era uma manhã de sábado. Não me viu lá?

– Não me lembro exatamente da sua presença, mas esse é o tipo de conversa em que eu costumo me envolver.

– Podemos conversar por um momento? – Olhei o relógio e vi que só tinha meia hora antes de uma reunião no escritório. Dirigi-me ao banco mais próximo.

– Eu ficaria encantado.

Nós nos sentamos, ambos olhando fixamente para o parque.

– Pode parecer estranho – eu comecei, finalmente –, mas orei muito por esta oportunidade de encontrá-lo. Suas palavras me tocaram de verdade naquele dia. Falou sobre Jesus como se tivesse estado com ele pessoalmente. Num certo momento cheguei a me perguntar se você não seria o apóstolo João.

Ele riu baixinho.

– Isso me faria um tanto velho, não acha?

– Sei que parece loucura, mas, quando esse pensamento me ocorreu, você se deteve no meio da frase, virou-se para mim e balançou a cabeça como se concordasse. Tentei segui-lo depois, mas acho que o perdi no meio da multidão.

– Talvez não fosse o momento. Pelo menos estamos aqui agora. De que você gostaria de falar?

– É você?

– Eu sou o quê?

– Você é João?

– O discípulo de Jesus? – Ele sorriu, evidentemente apreciando a confusão. – Bem, você já sabe que meu nome é João, e eu me considero de fato um discípulo de Jesus.

– Mas você é *o* João?

– Por que isso é tão importante para você?

– Se for, tem algumas coisas que eu gostaria de lhe perguntar.

– E se não for?

Eu não sabia o que dizer. Tinha sido profundamente afetado por suas palavras, fosse ele quem fosse. Aquele homem dava a impressão de saber determinadas coisas sobre Jesus que certamente me haviam escapado.

– Acho que gostaria de conversar com você, de qualquer modo.

– Por quê?

– Suas palavras em San Luis Obispo mexeram profundamente comigo. Você parece conhecer Jesus de uma forma que eu nunca imaginei. Sou pastor, dirijo uma igreja na cidade, a Irmandade do Centro da Cidade. Já ouviu falar?

– Não, creio que não. – Ele sacudiu a cabeça.

Sua resposta me deixou um tanto ofendido. Como é que ele não sabia a nosso respeito?

– Você mora por aqui?

– Não. Na realidade, esta é a primeira vez que venho a Kingston.

– É mesmo? O que o traz aqui?

– Talvez suas orações – ele respondeu, rindo. – Não estou bem certo.

– Olhe, terei que ir embora dentro de poucos minutos. Poderíamos nos encontrar novamente?

– Não sei. Eu realmente não tenho liberdade para assumir compromissos. Se tivermos necessidade de nos ver outra vez, tenho certeza de que o faremos. Nós não marcamos este encontro de hoje.

– Você poderia vir jantar comigo esta noite? Aí poderíamos conversar...

– Não, desculpe. Já tenho algo para esta noite. Mas o que é que você quer conversar?

Por onde começar? Eu tinha tantas coisas para perguntar e apenas 20 minutos antes de ter que correr para o escritório, mesmo assim chegando atrasado.

– Estou me sentindo muito frustrado. É como se todas as pessoas com quem tenho falado ultimamente estivessem se sentindo vazias, até mesmo cristãos que conheço há décadas. Ontem encontrei um dos nossos veteranos, Davis, que sempre considerei uma rocha. Davis está totalmente desiludido. Chegou a me dizer que tem se perguntado frequentemente se Deus é mesmo real ou se essa coisa toda de cristianismo não passa de balela.

– O que você lhe respondeu?

– Procurei encorajá-lo. Disse-lhe que não se pode viver baseado no que se vê, mas naquilo em que se crê. Mostrei que algum dia ele será recompensado pelas coisas maravilhosas que tem feito para Deus e que só precisamos ser fiéis e não confiar nos nossos sentimentos.

– Quer dizer que você disse que ele não tem direito a ter sentimentos, ou questionamentos?

– Não, não foi isso o que eu falei.

– Tem certeza? – A pergunta era amável, sem acusações.

Tentei relembrar o que dissera.

– Entenda uma coisa, Jake. Sabe o que descobri sobre quando as pessoas sentem que há algo errado? É que algo de fato está errado. Você acha que ajudou Davis?

– Não sei. Procurei estimulá-lo bastante. Acho que ele ficou melhor.

João permaneceu em silêncio enquanto eu pensava. Acabei concluindo:

– Você está certo, eu não o ajudei em nada. Acho que só fiz com que ele se sentisse mais culpado.

– Será que ele irá procurá-lo da próxima vez que tiver esse tipo de pensamento?

Eu me limitei a fazer que não com a cabeça, lamentando praticamente tudo o que dissera a Davis.

– Vou ligar para ele e tentar de novo.

– Mas e quanto a você, Jake? Está funcionando para você?

– Funcionando o quê?

– Sua fé. A vida em Deus lhe dá a alegria e o sentido que você procura? Ela lhe dá paz?

– Eu me sinto frustrado de vez em quando, como hoje. Mas em geral fico pensando em tudo o que tenho que fazer, e isso me ocupa a cabeça.

João não se mexeu, e eu prossegui:

– Quer dizer, sinto falta do dinheiro e do tempo livre que tinha, mas o que faço agora é muito mais importante. Estamos promovendo um grande impacto nesta cidade.

Ele continuou sentado em silêncio. Eu não sabia mais o que dizer e, inesperadamente, as lágrimas começaram a brotar dos meus olhos e eu me vi soluçando. De repente eu me senti incrivelmente só.

A cabeça de João finalmente se voltou na minha direção.

– Não estou me referindo ao que você está fazendo. Você se sente preenchido pelo amor de Jesus como estava no primeiro dia em que acreditou nele?

As palavras me penetraram na alma, e foi como se eu derretesse por dentro, como manteiga sobre pão quente.

– N... N... N... Não! – Eu não conseguia falar, a voz sacudida por golfadas curtas de ar. Quando a palavra finalmente saiu, veio acompanhada por um longo suspiro gutural. – Há anos que não vem funcionando. Tenho a impressão de que quanto mais eu faço por Deus, mais Ele se afasta de mim.

– Ou, quem sabe, mais você exige Dele.

– O quê? – Fosse ele quem fosse, certamente via as coisas sempre por um ângulo diferente.

– Sabe por que está se sentindo assim tão vazio?

– Na verdade, não tenho pensado muito a respeito, João, porque ando muito ocupado, sem tempo para pensar. Isso me dá um grande desânimo. Por outro lado, tenho tanto a agradecer: uma mulher adorável e companheira, filhas maravilhosas, uma casa linda. E estou servindo a Deus com o melhor de mim. Mas sinto um buraco aqui dentro. – Bati com o punho no peito, enquanto meus olhos ficavam cada vez mais úmidos.

– Davis mexeu com você, não foi?

– Como? – Pela segunda vez eu perdia o rumo.

– Talvez você esteja se sentindo tão vazio quanto ele, mas não consegue reduzir o ritmo de trabalho e admitir isso.

Não me dei conta disso, mas me lembro de que fui me sentindo cada vez mais incomodado enquanto ele falava. Para dizer a verdade, eu não queria responder às perguntas dele.

– Você sabe do que estamos falando, não é, Jake? – João se recostou no banco, cruzou os braços sobre o peito e olhou para o parque. – É sobre a vida, a verdadeira vida de Deus preenchendo a sua. Pode ter certeza de que Ele está fazendo as coisas de um jeito que vai eliminar qualquer dúvida sobre a Sua realidade. É o tipo de relacionamento que Adão experimentava quando caminhava com Deus pelo jardim do paraíso, ouvindo Dele o grande plano de ter um povo por meio do qual pudesse revelar sua realidade ao mundo das mais diversas formas. Foi essa a vida que Jesus viveu, e ela foi suficiente para atender todas as necessidades com que Ele se deparou, desde dar de comer a multidões com dois peixes e cinco pães até curar uma mulher doente que tocou a barra da sua túnica. Essa vida não é uma mera ideia filosófica que se pode evocar pela meditação ou por alguma espécie de abstração teológica. É completude. É liberdade. É alegria e paz, não importa o que aconteça, mesmo que seu médico pronuncie uma palavra ameaçadora ao lhe dar o resultado do seu exame de ressonância magnética. É o tipo de vida que Jesus veio repartir com todos aqueles que se mostram capazes de desistir de tentar controlar a própria vida para abraçar sua proposta. – João parou um instante para que eu pudesse absorver o que dizia. Depois prosseguiu: – A proposta de Jesus não é, com certeza, aquilo que tanta gente imagina, como dar duro no trabalho, reunir uma multidão de fiéis ou construir novos templos. Tem a ver com a vida que se pode enxergar, provar e tocar, algo que se pode desfrutar todos os dias. Sei que o que estou dizendo pode parecer complicado, mas você sabe bem do que estou falando. Já passou por momentos assim, não é mesmo?

– Sim, já passei, mas foram sempre tão breves. Lembro-me bem de como era no começo, mas agora ficou tudo tão distante. O que há de errado comigo? Como posso ser um cristão há tanto tempo, ser tão ativo na igreja e me sentir tão vazio? Como perdi o contato com essa vida de que você está falando?

– Já vi isso acontecer muitas e muitas vezes – João respondeu. – É uma autêntica epidemia hoje. De certa forma, nossa experiência espiritual dá importância às coisas erradas, e acabamos sendo afastados da verdadeira vida. Foi o que aconteceu também nos primeiros tempos da Igreja. Você se recorda do que ocorreu em Éfeso e do que Jesus disse na epístola do Apocalipse? A teologia dos cristãos de Éfeso era impecável. Conheciam a verdade com tal precisão que eram capazes de identificar o erro como uma mosca na tigela de sopa a centenas de passos. Não tinham medo de enfrentar os que se punham à frente no ministério para descobrir quem estava falando a verdade e quem estava fabricando uma mensagem apenas para promover-se. A resistência deles numa época de sofrimento não perdeu para nenhuma outra em toda a cristandade. Quanto mais enfrentavam o sofrimento, mais fortes se sentiam, e nunca se queixavam quando eram atacados. Apesar de tudo isso, Jesus estava satisfeito com eles?

Eu lera recentemente essa passagem e sabia bem a que João se referia.

– Não, ele os reprovou por terem abandonado o amor inicial.

– Isso mesmo. Não é incrível? Tinham abandonado o maravilhoso amor por Jesus que existira no início. Sem esse amor, mesmo os atos heroicos não fazem sentido. É possível alguém concentrar-se de tal maneira no trabalho para Jesus que acaba perdendo de vista quem Ele realmente é. Muito pouco do que os cristãos primitivos faziam era motivado pelo amor que tinham por Ele. Isso fez com que tudo ficasse não apenas sem valor, mas verdadeiramente destrutivo.

– Sou eu! – exclamei. – Você está falando de mim.

– É uma história muito antiga, Jake. E ela tem se repetido milhões de vezes, com milhões de nomes diferentes. Você se lembra do dia em que o amor de Jesus conquistou seu coração pela primeira vez?

As lembranças me chegaram flutuando.

– Lembro. Eu devia ter uns 12 ou 13 anos. Meus pais estavam na outra sala orando, com mais umas 30 pessoas. Estavam ali havia umas quatro horas, e o entusiasmo era tanto que iriam até tarde da noite. Isso sempre acontecia nas sextas-feiras. Às vezes cantavam, às vezes riam e às vezes até choravam. – Parei um pouco, saboreando as lembranças. – Tinha sido uma grande mudança, pois éramos a terceira geração de batistas por parte de pai e de presbiterianos por parte de mãe. Meus pais eram membros ativos da Igreja Batista, apesar de nunca terem parecido gostar de fato da igreja. Havia muita competição e intrigas, e aos poucos eles foram sentindo que não eram bem-vindos. Por isso os dois resolveram fundar outra igreja junto com outros que também estavam insatisfeitos. À primeira reunião compareceram mais de 80 pessoas, que ficaram apertadas numa casa pequena. A experiência foi tão eletrizante que eles decidiram alugar um prédio e contratar um pastor. – Era estimulante contar essas coisas para uma pessoa que ouvia com tanto interesse. – Tornaram-se pessoas apaixonadas pela caminhada com Deus. Sentiam que Ele estava transformando suas vidas. Velhos hábitos se perderam, a presença de Deus ficou mais forte do que suas necessidades, e eles não perdiam uma oportunidade de ler a Bíblia. Pela primeira vez eu os vi alegres, livres e vivos em sua fé. Isso despertou o desejo em nós, garotos, de também participarmos daquilo. Foi nessa época que pela primeira vez Deus conquistou meu coração.

João sorriu.

– Não há nada que o Pai deseje mais do que nos ver cair diretamente no colo do Seu amor e de lá nunca mais sair. O plano de Deus, desde a Criação, foi pensado para trazer as pessoas à relação de amor que o Pai, o Filho e o Espírito Santo têm compartilhado ao longo da eternidade. Ele não deseja nada mais além disso! Você sabe que Deus não é um ser imponente e distante que enviou seu Filho com uma lista de regras a obedecer e rituais a praticar. A missão de Jesus era nos convidar para o amor, para a relação com Deus Pai descrita por Ele. Mas o que fizemos? Transformamos a mensagem fundamental de amor em uma instituição, em poder, em trabalho, em culpa, em conformismo e manipulação. Tudo isso soterrou o verdadeiro amor. Em Éfeso, a Igreja estava formando falsos professores. Na Galácia, conseguiu que todos observassem os rituais do Antigo Testamento. Atualmente vem convencendo as pessoas a cooperarem com seus programas, sem perceber quanto essas práticas as distanciam da vida com Deus. É mais fácil perceber o problema quando se trata da circuncisão em Éfeso do que quando se trata de ir à igreja aos domingos. Mas ambas as práticas podem levar à mesma coisa: crentes entediados e desiludidos, repetindo gestos e rituais vazios da vida com o Pai.

Eu não sabia o que dizer. Não me sentia seguro sequer para concordar com ele.

– Vou lhe fazer uma pergunta, Jake. Quantas telhas cobrem o telhado do seu santuário?

Eu nem precisei pensar.

– Trezentas e doze completas e 98 pedaços.

– E como é que você sabe disso?

– Eu as conto quando me sinto entediado.

–Então você deve ficar entediado com frequência. Sabe quantos outros mais fazem o mesmo? Certa vez conheci um rapaz que somava os salmos para ver se totalizavam 666. Você não acha que isso é sinal de que algo está errado?

Bom, concluí, ele devia ter razão.

– O que você pensou ao chegar à igreja no domingo passado de manhã? O que você falou para si mesmo enquanto estacionava o carro?

Precisei pensar mais um pouco. Ri ao me lembrar.

– Pensei: vou gostar quando tudo estiver terminado e eu puder voltar para casa. Como é que você sabia?

– Não sabia, mas não me surpreende. Sabe quantas pessoas pensam assim, mesmo aquelas que presidem o culto, como você? A rotina acaba secando a vida, mesmo que seja muito boa.

– Quer dizer que a desilusão de Davis é uma coisa boa? – perguntei, incrédulo.

– Tal como a sua. Quando você chega à conclusão de que a rotina que o consome não contribui substancialmente para o seu desejo de conhecer melhor a Deus, algumas coisas incríveis podem ocorrer. Aguentar o mesmo programa, semana após semana, é duro. Você não está cansado de se ver, ano após ano, caindo nas mesmas tentações, fazendo as mesmas orações não atendidas e não vendo provas de que está reconhecendo a voz de Deus com uma clareza crescente?

– Estou cansado, sim. – Eu mesmo fiquei surpreso com a rapidez com que a resposta me saltou dos lábios e com a frustração que acompanhou as palavras. – Então por que todos nós fazemos isso?

– Essa resposta, Jake, vai fazer você se conhecer melhor. Por enquanto, seja honesto em relação ao seu tédio e à sua desilusão. E tenha a certeza de que o Pai nunca desistiu do desejo de compartilhar da amizade que você experimentou aos 13 anos.

– Esse desejo apareceu outras vezes no decorrer da minha vida.

– Claro, mas não resistiu muito tempo, não foi? Se tivesse resistido, você não precisaria tentar animar gente como Davis, dizendo chavões bem-intencionados mas ocos. Pessoas como ele não podem ser silenciadas, e é melhor aplaudi-las pela coragem de expressar claramente seu sentimento. Para dizer a verdade, a honestidade de Davis demonstra mais fé do que a resposta que você lhe deu.

– O que é que eu faço, João? Quero essa vida da qual você tanto fala.

– Isso não vai exigir muito de você, Jake. Apenas seja verdadeiro com o Pai e resista aos apelos para se recolher à sua concha e silenciosamente suportar o desânimo e a desesperança. Sua luta brota do chamado que vem do Espírito Divino. Peça-Lhe que lhe mostre como todos os seus esforços para realizar boas obras podem estar obscurecendo a consciência do amor Dele por você. E deixe que Deus faça o resto. Ele irá conduzi-lo até Ele.

Olhei o relógio e vi que tinha que ir.

– Desculpe-me, tenho que correr. Talvez demore algum tempo, João, mas vou tentar!

– Ótimo. Não vai ser uma alegria poder acordar todos os dias com a certeza de ser amado por Deus gratuitamente, sem ter que obter esse amor com suas ações? Este é o segredo para o amor original: não tente obtê-lo. Entenda que você é aceito e amado não pelo que pode fazer para Deus, mas sim porque o que Ele mais deseja é tê-lo como um de Seus filhos. Jesus veio para remover todos os obstáculos capazes de impedir que isso aconteça.

Quando me levantei para ir embora, segurei a mão de João. Ele apertou a minha e a reteve por um instante.

– Isso não é difícil, Jake. Neste mundo você só consegue o que procura. Eis o segredo de tudo. Se você está procurando uma relação com Deus, haverá de encontrá-la.

– Mas eu acho que é o que tenho procurado o tempo inteiro. Então por que não a encontro?

– Talvez você a tenha procurado no início. Mas a coisa também funciona de outra maneira. Se você analisar bem aquilo que acaba de acontecer, saberá o que de fato andou buscando! – Ele soltou minha mão.

Suas palavras foram um fecho tão definitivo, e eu estava de tal modo apressado para voltar aos meus compromissos, que me limitei a fazer que sim com a cabeça. Naquela hora não tinha ideia do que João queria dizer.

– Espero poder vê-lo outra vez.

– Oh, acho que sim... na hora certa.

Agradeci e acenei me despedindo. Como estava bastante atrasado para a reunião, saí correndo pelo parque. Mais tarde me surpreendi pensando que as maiores jornadas das nossas vidas começam de forma tão simples que só percebemos que embarcamos nelas quando nos vemos em plena estrada olhando para trás. Foi o que aconteceu comigo.

3

É ESSA A EDUCAÇÃO CRISTÃ?

O pouco tempo que fiquei no parque com João acabou sendo mais frustrante do que proveitoso. Embora eu tivesse saído de lá animado com as novas perspectivas e passado o resto do dia livre do estresse que se apoderara de mim mais cedo, a empolgação foi rapidamente se extinguindo.

Não foi nada fácil rememorar tudo o que João dissera, e eu não parava de pensar nas centenas de perguntas que gostaria de ter feito. Tínhamos passado muito pouco tempo juntos, e ele não marcara novos encontros, o que me aborrecera. Afinal, quem era aquele homem? Seria algum louco?

Mas João não se comportava como um louco. Eu tinha me sentido absolutamente à vontade conversando com ele. Fez-me lembrar das conversas que costumava ter com meu pai antes de ele falecer, cinco anos antes, num acidente de automóvel. Curiosamente, senti uma afeição muito semelhante por João. Fosse ele quem fosse, satisfez minha fome de conhecer melhor Jesus. Ela não diminuiu nos meses que se passaram, apesar de as minhas tentativas de aplacá-la terem fracassado miseravelmente.

Depois daquele encontro, toda manhã eu reservava 45 minutos para ler a Bíblia e orar. Embora eu fizesse isso rigorosamente todos os dias, não conseguia notar qualquer diferença. As pressões no trabalho e em casa logo retornaram. Nenhuma das minhas orações parecia dar resultado, mesmo em relação às coisas pelas quais eu pedia com maior fervor. Apesar de desestimulado, ainda assim eu persistia.

Tinha esperança de a qualquer hora cruzar com João novamente, mas isso não aconteceu. Durante algumas semanas eu me pegava a procurá-lo em toda parte. Se ia a uma loja, a um restaurante, ou mesmo quando dirigia pelas ruas, ficava olhando ao redor para ver se o achava. Quando batia os olhos em alguém de aspecto ou jeito de andar parecidos, meu coração disparava. Cheguei algumas vezes a sair do meu caminho para percorrer os bancos do parque à sua procura.

Dá para imaginar minha surpresa quando, cinco meses mais tarde, deparei com seu rosto onde menos poderia esperar encontrá-lo: tentando olhar pelo vidro espelhado de uma das portas da nossa igreja. Era um domingo de manhã, durante o momento mais importante do culto, e eu vinha retornando pelo corredor central com uma postura solene, depois de ter posto fim a um ruído desagradável no nosso sistema de som.

Podia sentir os olhos das pessoas me observando no caminho pelo corredor enquanto o pastor fazia seu sermão. Ao chegar à minha fileira, dei uma rápida olhadela para trás. Lá estava ele. Inconfundível. Meu coração quase parou.

Voltei pelo corredor e saí pela outra metade da porta dupla. João estava ali, de pé, com a fisionomia grave, e eu achei que ele parecia deslocado e constrangido na nossa sede. Não eram as roupas, pois ele usava uma camisa polo e um par de tênis, mais do que apropriados para a nossa informalidade californiana. Havia outros homens de barba e cabelos compridos semelhantes aos dele, mas João, não sei bem por que, parecia especialmente fora de contexto.

– João, o que você está fazendo aqui? – eu meio que sussurrei.

Ele se virou bem devagar, sorriu e voltou a olhar para dentro da igreja. Após alguns instantes, finalmente falou:

– Pensei em ver se você não teria um tempinho para conversarmos.

– Por onde tem andado? Tenho procurado você por toda parte. – Ele continuava olhando pela vidraça. – Eu adoraria conversar, mas não é uma boa hora. Estamos bem no meio do culto.

Dessa vez ele falou, continuando a olhar pela vidraça.

– É, estou percebendo. – Eu podia ouvir a congregação toda se levantando ao som da introdução do próximo hino.

– E mais tarde? Depois do culto?

– Eu só estava de passagem e pensei em ver como você está indo. Tem encontrado respostas para algumas de suas perguntas?

– Não sei. Tenho feito tudo o que sei fazer. Minha vida de devoção realmente mudou, está mais regular do que antes.

Seu silêncio me fez ver que eu não havia respondido à pergunta. Fiquei embaraçado e falei novamente:

– Oh... bom... como é que posso dizer? Acho que não. Na verdade, tenho a impressão de que quanto mais eu tento, mais vazio e mais frustrado me sinto. Não acho que o esforço esteja valendo a pena.

– Bom – João balançou a cabeça, sempre de olhos fixos no interior do santuário –, então você aprendeu algo valioso, não aprendeu?

– O quê? – Achei que ele não tinha entendido direito. – Eu falei que não está funcionando. Tenho tentado para valer, e nada acontece. Como é que isso pode ser bom? Só me deixa irritado.

– Entendo – replicou João, virando-se para mim. – Quer saber por quê? Venha, vou lhe mostrar.

Virou-se, fez com a cabeça um sinal para que eu o seguisse e foi se dirigindo para a alameda que levava à nossa ala educacional. Enquanto ele caminhava na frente, olhei para trás. *Não posso segui-lo agora. Eu deveria estar lá no culto. E se o sistema de som der problema de novo? E se...?*

Ele já ia dobrando a esquina. Se desistisse, iria perdê-lo como da outra vez. Sem tempo para pensar, enveredei atrás de João.

Ao dobrar a esquina, quase caí por cima de um jovem casal que vinha em direção contrária. Pedi desculpas pelo esbarrão, mas eles pareceram não aceitá-las. Suas fisionomias demonstravam certo constrangimento.

– É a primeira vez que nos atrasamos – suspirou a mulher –, e olhe só quem vem atrás de nós: um dos pastores! – Por cima dos ombros dela vi que João tinha parado à minha espera. Encostado na parede, ele observava nossa troca de palavras. Suas sobrancelhas estavam arqueadas para cima, e o risinho em seu rosto parecia traduzir um divertido *Te pegaram!*

De repente me senti como o policial da igreja. Dois domingos antes eu tinha feito uma comunicação a respeito da importância de se chegar na hora para não perturbar os demais fiéis. João continuava atento à nossa conversa.

– O pneu do nosso carro furou no caminho – o marido se justificou.

– Vocês têm sorte. Hoje eu não estou dando incertas. – Ri, na esperança de acabar com o constrangimento deles e com o meu. – Fico feliz em vê-los aqui. – Abracei os dois e fui andando com eles em direção à igreja. Ao abrir as portas, um colaborador veio ajudá-los a encontrar assento.

Atravessei o saguão e fui ao encontro de João. Lá estava ele, diante do mural da nossa escola dominical, os olhos cravados nas letras garrafais que diziam, lá no alto: ALEGREI-ME QUANDO ME DISSERAM: VAMOS À CASA DO SENHOR.

– O que isso quer dizer? – ele perguntou, apontando as palavras com o indicador.

– Que devemos ficar felizes de estar na presença de Deus. – Sem querer, minha voz se elevou um pouco no fim da frase, fazendo com que minha resposta soasse mais como uma pergunta.

– Boa resposta. Por que essa frase está aqui?

– Para mostrar o nosso compromisso missionário com a educação cristã – respondi, tentando demonstrar indiferença, mas sabendo que ele estava querendo chegar a algum lugar. Continuei: – Estamos procurando criar uma atmosfera em que as crianças gostem realmente de assistir às aulas.

– E "a casa do Senhor" é este prédio aqui? – Ele apontou para a construção.

Opa! Eu não estava gostando nada do rumo que a coisa estava tomando. Após uma pausa, respondi:

– Bom, é claro que todos nós sabemos que "casa do Senhor" é algo bem maior do que isso. – Estava desesperado para dar uma resposta correta, mas tive a desagradável sensação de não possuir nenhuma no meu arsenal.

– Mas o que pensam as pessoas que leem isso?

– Provavelmente entendem que significa frequentar a nossa igreja.

– E é isso o que vocês desejam que elas pensem?

De novo ele deixou que o silêncio permanecesse por mais tempo do que eu era capaz de suportar.

– Imagino que sim.

– Vocês não percebem que o que há de mais precioso no Evangelho é que ele nos liberta da ideia de que Deus reside em um local determinado? Para os seguidores de Jesus essa notícia foi excelente. Não precisariam pensar num Deus que estaria encerrado no recesso do templo e apenas disponível para pessoas especiais em ocasiões especiais.

Havia um pouco de tristeza em sua voz, e ficamos calados durante algum tempo.

– E então, Jake, onde é a casa do Senhor?

– Somos nós. – De repente aquela inscrição me pareceu absolutamente estúpida. Eu me perguntava se João sabia que ela havia sido ideia minha. Eu certamente não iria lhe contar.

João suspirou.

– Você se lembra do que Estêvão disse pouco antes de o matarem a pedradas? "Não habita o Altíssimo em casas feitas por mãos humanas." Foi aí que o atacaram, porque os fazia lembrar o desafio de Jesus de destruir o templo e reconstruí-lo em três dias. As pessoas são muito sensíveis em relação aos seus prédios, principalmente quando acham que Deus habita neles.

Não falei nada. Só balancei a cabeça concordando.

– E elas ficam felizes quando vêm aqui?

Demorei um pouco para entender a pergunta.

– Esperamos que sim. Dá uma trabalheira enorme.

– Passa mesmo essa impressão. – Os olhos de João percorriam o mural em que anúncios de seminários de treinamento, reuniões de diretoria, atividades de classe e formulários de pedido de suprimentos espalhavam-se por todos os lados.

– Um programa de qualidade dá muito trabalho.

– Sem dúvida. E nem um pouco de culpa, para não falar em manipulação. – Segui seus olhos, que foram se fixar no nosso cartaz de recrutamento de instrutores. Era uma imagem colorida de um adolescente em trajes punk numa rua qualquer da cidade, à noite. Em letras enormes no lado esquerdo, embaixo, se lia: *Se alguém tivesse tido tempo para ensiná-lo sobre Jesus! Seja um voluntário hoje.*

– Culpa? Manipulação? Não queremos deixar ninguém com sentimento de culpa, só estamos mostrando os fatos.

Ele balançou a cabeça e começou a andar pelo saguão. Olhei para trás, na direção do santuário, sabendo que era lá que eu deveria estar. Em vez disso, porém, decidi que o melhor era ficar com João, que a essa altura já enveredara por outro corredor.

Quando dobrei a esquina pude ouvir o som de crianças cantando:

“Bom dia para você! Bom dia para você!

Estamos nos nossos lugares com o rosto radiante.”

João olhava pela porta entreaberta. Fileiras de crianças estavam sentadas de frente para a professora, em cadeiras minúsculas. Quando a música terminou, começou uma grande bagunça, com conversas e risadas. Um menino de suéter azul-claro virou-se e mostrou a língua para uma das meninas. Ao fazê-lo, deu de cara conosco e imediatamente voltou a olhar para a frente, fingindo prestar atenção.

De onde estávamos não conseguíamos ver a professora, mas podíamos ouvir sua voz transtornada gritando para a turma.

– Vamos declamar nosso versículo! – ela berrava. – Vamos! Sentem-se, ou ninguém vai comer biscoito depois. – Aparentemente a ameaça era para valer, porque a sala ficou em silêncio. – Quem decorou o versículo de hoje?

Mãos se levantaram por toda a sala.

– Vamos declamar juntos. “Alegrei-me quando me disseram...” – As vozes em *staccato* nunca mudavam de ritmo. – “Vamos à casa do Senhor”, salmo 122, versículo um. – A maioria das vozes se calou na hora da referência, menos a de uma garotinha que evidentemente queria que todo mundo notasse que ela sabia.

– E o que isso quer dizer? – a professora gritou para ser ouvida em meio ao barulho crescente.

Duas mãos se levantaram, sendo uma delas a da menina que repetira bem alto a citação.

– Sherri, diga para nós!

– Essa é minha filha – sussurrei para João.

A garota se levantou.

– Quer dizer que devemos nos alegrar ao vir para a igreja, porque é aqui que Deus vive.

– Muito bem – disse a professora, enquanto meu rosto se ruborizava de constrangimento.

Encolhi os ombros quando João se virou para mim, sorrindo divertido. Em seguida falou bem baixinho duas palavras:

– Está funcionando. – O sorriso em seu rosto dissolveu meu embaraço ao deixar claro que ele não estava ali para fazer com que me sentisse envergonhado.

Quando voltamos a prestar atenção na aula, a professora estava distribuindo estrelinhas douradas para as crianças colarem num quadro na parede. Elas eram usadas para assinalar várias coisas, como a frequência e a pontualidade, e para recompensar as crianças que traziam as próprias Bíblias. A classe estava um caos, todos se empurrando para encontrar seus nomes no quadro, lambendo os adesivos e fixando-os no lugar.

Quando as crianças voltaram para suas cadeiras, a professora foi ao quadro e apontou para algumas fileiras.

– Olhem só quantas estrelas tem o Bobby. Sherri também vai indo muito bem, assim como Liz e Kelly. Não se esqueçam de que os cinco primeiros ganharão um prêmio especial no fim do semestre. Portanto, vamos ao trabalho. Tratem de comparecer toda semana, chegar na hora, trazer a Bíblia e decorar o versículo.

– Já chega? – perguntou João, voltando-se para mim.

– O quê? Oh, eu só estou acompanhando você. Já conheço bem o que acontece por aqui.

– Não tenho muita certeza disso. – João se afastou da janela e foi caminhando de volta ao saguão, detendo-se finalmente ao lado do bebedouro. Passou o braço direito pelo peito, com o cotovelo esquerdo descansando nele, a mão esquerda massageando a testa.

– Jake, você reparou naquele menino que senta perto de sua filha, um de short e camiseta amarelo-clara?

– Não, não especialmente.

– Bom, não me surpreende. Não havia muito mesmo o que reparar. Ele não fez qualquer barulho, só ficou sentado, de cabeça baixa e braços cruzados.

– Ah, já sei de quem você está falando. Deve ser o Benji.

– Benji. Notou que ele não sabia uma única palavra do versículo e nem sequer se levantou para pegar a estrelinha a que tinha direito por ter vindo hoje?

– Não, não notei.

– Como você acha que ele se sentiu diante de tudo isso?

– Espero que tenha tido vontade de se sair melhor. Trazer a Bíblia, vir mais vezes e decorar os versículos. É assim que nós tentamos motivar as crianças. Todo mundo faz isso. É por uma boa causa.

– Mas como é que ele vai conseguir competir com... a Sherri, não é esse o nome dela? Será que os pais dele lhe dão o apoio que você dá a ela?

– Ele só tem mãe e nunca viu o pai. Ela trabalha duro e o ama muito. Mas você sabe como é difícil criar um filho sozinha. Eu mesmo não consigo imaginar.

– Você acha que Benji vai sair daqui estimulado?

– É o que esperamos. – Pensei em Benji ali sentado, com aquele olhar distante que eu já vira tantas vezes. – Mas até agora não deu certo para ele, embora esteja funcionando para a maior parte das nossas crianças. Temos um dos ministérios infantis mais bem-sucedidos da cidade.

– Em sua opinião, o sentimento de sucesso de Sherri compensa a vergonha de Benji?

Eu quis responder a essa pergunta, mas não fui capaz de pensar em nada que não soasse incrivelmente idiota. Ele prosseguiu:

– Você frequentou a escola dominical, Jake, quando era criança?

– Frequentei. Meus pais nos criaram na igreja. Certa vez decorei 153 versículos da Bíblia numa competição que durou três meses.

João arregalou os olhos.

– É mesmo? E o que o motivou a isso?

– O vencedor ganhava uma Bíblia novinha em folha.

– E imagino que você já tivesse uma.

Fiz uma pausa, lembrando que meus pais tinham me dado uma Bíblia pouco antes. Cocei a cabeça e olhei para João pelo canto do olho, meio desconfiado. Como é que ele sabia disso?

– Quem ganha geralmente não precisa do prêmio – ele concluiu.

– Eu de fato tinha outra Bíblia, mas aquela era especial. Eu ganhei.

– Cento e cinquenta e três? São muitos versículos...

– Sempre fui bom para decorar. Basta ler um versículo umas duas vezes e pronto. Não era difícil. A maioria dos versículos eu decorava pela manhã, antes de ir para a igreja.

– Quantos versículos o segundo colocado decorou?

– Acho que uns 35. Foi realmente uma barbada.

– E você acha que isso contribuiu para o seu crescimento espiritual?

Bom, agora que ele está perguntando, talvez não, eu pensei. Mas fiquei calado.

– O que mais você venceu?

– Quando tinha uns 10 anos ganhei um alfinete banhado a ouro por ter frequentado a escola dominical dois anos seguidos sem uma falta. O pastor me entregou o prêmio numa manhã de domingo na frente de toda a congregação.

Você precisava ter escutado os aplausos. Nunca vou me esquecer de como me senti o máximo.

– Aquilo lhe deu uma razão de viver, não foi?

– O que está querendo dizer?

– Não é isso que você vem buscando desde então, essa sensação de ser especial?

Foi como se me tirassem um véu dos olhos. Boa parte das minhas decisões fora tomada quando eu buscava a todo custo o reconhecimento e as homenagens das pessoas. Eu amava a aprovação dos outros e frequentemente tinha fantasias a esse respeito. Para dizer a verdade, esse foi provavelmente o principal motivo que me levou a trocar o trabalho como corretor de imóveis por um cargo no ministério, no qual eu poderia me destacar, ser mais conhecido e admirado.

– Será que foi aquele momento que me faz até hoje buscar aprovação constantemente?

– Claro que não. Foi uma série de momentos iguais àquele que alimentaram um desejo que você já possuía antes. – Ele pôs o dedo em meu peito. – Quem não deseja ser querido e admirado? É fácil usar prêmios quando se pretende motivar as pessoas a praticar boas ações. A questão maior é a seguinte: será que toda essa decoreba e a frequência escolar rigorosa o ajudaram a conhecer melhor o Pai? O que é mais fácil para você: perseguir uma relação com o Pai ou seu sucesso pessoal? Esse é o verdadeiro teste. Acho que você não estaria tão aflito se essa busca lhe tivesse efetivamente ensinado a conhecer o amor do Pai. Mas você se preocupa tanto em obter a aprovação de todos que nem se dá conta de que já tem a Dele.

– O que está dizendo? Como é que eu posso ter a aprovação Dele se ainda estou lutando por ela?

– Porque você está lutando pela coisa errada. Acha que pode conquistar a aprovação do Pai. Nós não somos aprovados por aquilo que fazemos, mas sim pelo que Jesus fez por nós na cruz. Honestamente, Jake, não há uma única coisa que você possa fazer para que Deus o ame mais hoje, assim como não há uma única coisa que você possa fazer para que Ele o ame menos. Deus simplesmente o ama. – João colocou a mão sobre meu ombro. – É a sua certeza desse amor que o fará mudar, e não sua luta para tentar merecê-lo.

Meus olhos começaram a marejar. Ele acabava de desvendar algo em que eu nunca havia pensado antes.

– Quer dizer que todos os meus esforços são inúteis?

– Se o objetivo de seus esforços é fazer com que Deus o ame mais, eles de fato são inúteis. Ainda que você não fizesse nada do que faz, Jake, Deus o amaria da mesma forma.

Como? Eu não tinha palavras. Queria acreditar em João, mas ele estava promovendo uma reviravolta na minha vida. Eu me sentia atordoado e precisava digerir tudo aquilo.

Após alguns momentos João se desencostou da parede e começou a caminhar pelo corredor. Eu o segui.

– Voltemos àquela manhã em que você recebeu seu alfinete como prêmio de frequência. Se aquele pastor o amasse de fato, sabe o que teria dito? "Senhoras e senhores, queremos apresentar-lhes um jovem que acaba de completar um período de dois anos sem nunca ter faltado às aulas da escola dominical. Queremos orar por ele, pois isso significa que seus pais nunca se preocuparam, durante esses dois anos, em tirar férias com a família. Significa que ele provavelmente veio aqui quando estava doente e deveria ter ficado em repouso em casa. Significa que ganhar essa bijuteria dourada e a aprovação de vocês tem mais importância para ele do que se tornar irmão de cada um de vocês. E, o que é mais importante, nem um só dia dessa frequência rigorosa o levará para mais perto de Deus."

– Isso seria um tanto grosseiro – retruquei.

– Mas seria incrivelmente importante na sua vida, Jake, com toda a certeza. Se ele tivesse feito isso, talvez você não procurasse tão desesperadamente uma aprovação que o distancia de Deus e impede que você se abra para Ele.

– Então o que você está dizendo é que premiar Sherri não só é penoso para Benji como prejudicial para ela?

Ele fez um gesto no ar com o dedo indicador como se estivesse apertando um botão imaginário.

– Bingo! Sabia que mais de 90% das crianças que se criam na escola dominical abandonam a congregação quando saem da casa dos pais?

– Ouvi falar. Nós culpamos as escolas públicas, que afastam as crianças da fé.

João ergueu as sobrancelhas demonstrando incredulidade.

– É mesmo? Muito conveniente, não é?

– Bem, nós estamos fazendo a *nossa* parte – eu falei, na defensiva.

– De muitas outras formas além das que já vimos até agora.

– Assim você está dizendo que tudo o que aprendi na escola dominical a respeito de Deus foi ruim. – Eu era capaz de perceber ironia e frustração no meu tom de voz.

– Nem tanto. Não falei que tudo era ruim.

– Como é que pode? Ensinamos as crianças sobre Deus e a Bíblia e a ser bons cristãos. – Minha voz foi sumindo à medida que ia ficando claro para mim que ensinar as crianças sobre Deus e o significado de ser um bom cristão não era o mesmo que ensiná-las a caminhar com Ele.

– O que eu quero que você perceba é que, misturado com coisas certamente maravilhosas, o que se tem aqui é um sistema de obrigações religiosas que distorce todo o restante. Enquanto você não entender isso, jamais saberá o que significa caminhar com o Pai.

– Por quê?

– Porque a maioria das coisas que você consegue na vida é fruto do seu desempenho. Mas não a sua relação com Deus. Essa relação não está baseada no que fazemos, mas no que Ele fez.

– Então o que você está dizendo é que eu tenho me empenhado demais? É por isso que meus esforços não vêm funcionando? Afinal, cada um não tem que fazer a sua parte? – Olhei para João.

– Não foi exatamente isso o que eu falei – ele respondeu com um leve sorriso. – Mas você está chegando perto. A questão é que está tentando merecer um relacionamento que jamais merecerá. Homens e mulheres podem aplaudi-lo por decorar as Escrituras ou frequentar o culto. Mas essas coisas jamais serão suficientes para fazê-lo merecer uma relação. Além do mais, você as está perseguindo não porque deseja conhecer Deus, mas porque quer que as pessoas pensem que você é um grande religioso. E, se quer saber, é exatamente isso que está conseguindo.

– Então foi isso o que Jesus quis dizer quando falou que os fariseus faziam coisas para serem vistos pelos outros e para obterem recompensas. Mas não é bem o que eu quero.

– Ótimo. Você não compreende que o caminho que está seguindo não o leva aonde lhe disseram que levava? Ele fará de você um bom cristão aos olhos dos outros, mas não lhe permitirá conhecer Deus. – João ia andando sem parecer ter a intenção de chegar a um lugar determinado. Nós dois caminhamos pelas salas de aula e, vez por outra, passávamos por alguém andando apressado pelos corredores. Eu estava tão envolvido na conversa que nem percebi as pessoas nos olhando de forma estranha. Mais tarde eu haveria de pagar caro por isso.

– Quer dizer que eu posso me tornar um cristão formidável aos olhos dos outros e no entanto não alcançar a essência do que isso significa?

– E não é nesse ponto que você se encontra atualmente? Olhe bem para esse programa, para esses prédios, para as necessidades das crianças e as demandas de equipamentos. Para que tudo isso?

– Essas coisas todas, evidentemente, requerem gente, dinheiro e uma certa espiritualidade, imagino eu.

– E é o que traz recompensa, não é? Como é que alguém se destaca na sua igreja?

– Pela frequência constante, fazendo doações e não vivendo em pecado óbvio.

– Qualquer pecado?

– O que está querendo dizer?

– Bem, aqui não sei, mas em outros lugares existem pecados absolutamente proibidos, em geral pecados sexuais ou ensinar coisas que os líderes não aprovam. Mas outros pecados igualmente destrutivos tendem a ser ignorados, como a fofoca, a arrogância, julgar e condenar outras pessoas. Esses, às vezes, são até recompensados, porque é possível usá-los para fazer com que as pessoas se comportem do jeito que queremos.

De repente me dei conta de como fazíamos uso do pecado para conquistar poder e benefícios, mesmo prejudicando os outros. Eu mesmo tinha agido assim.

– Não é interessante ver como um grupo de pessoas que estão juntas regularmente acaba desenvolvendo um estilo, seja na forma de se vestir e falar, seja nos comportamentos aceitos e nas músicas que gosta de cantar? Não fica claro, aqui, o que é ser um bom cristão. Será que o chamado bom cristão não é aquele que tem comportamentos aceitos e aprovados pelo grupo a que pertence? Será que fazer perguntas incômodas não é malvisto e até condenado?

Ele tinha captado bem a coisa.

– Uma das lições mais significativas que Jesus deu a seus discípulos foi de parar de procurar Deus por meio de rituais e de regras. Ele não tinha vindo para enfeitar a religião deles com cultos e cerimônias, mas para oferecer-lhes uma relação. Será que foi apenas uma coincidência ter curado pessoas doentes no Sabá? Claro que não! Ele queria que seus discípulos soubessem que as regras e tradições dos homens interferem no poder e na vida do Seu Pai.

Fez a pausa habitual para que eu digerisse o que ele dissera. Depois prosseguiu.

– As regras e os rituais podem ser muito escravizantes, pois nós os adotamos com a intenção de agradar a Deus. Nenhuma prisão é tão forte quanto a obrigação religiosa. Ontem eu passava por uma sinagoga quando o rabino saiu e veio me pedir para entrar e acender algumas luzes para ele. Alguém se esquecera de acendê-las no dia anterior, e ele não podia fazê-lo pessoalmente sem quebrar o Sabbath.

– Isso é uma estupidez, você não acha?

– Para você pode ser, da mesma forma como algumas das suas regras e alguns dos seus rituais parecem estúpidos para o rabino.

– Minhas regras? Eu não faço nada parecido com essa história de Sabbath.

– Claro que não, mas e se você passasse um mês sem ir ao culto de domingo ou desse seu dízimo diretamente aos pobres em vez de depositá-lo na bandeja de oferendas?

– É tudo a mesma coisa?

João fez que sim com a cabeça. Eu afirmei:

– Mas eu vou ao culto e dou o dízimo, não porque seja lei, mas porque escolho fazê-lo.

– O rabino não diria nada muito diferente a respeito do Sabbath. Mas se você fosse honesto veria que faz essas coisas por acreditar que elas o tornam mais aceitável por Deus. Se não as fizesse se sentiria culpado.

Na hora eu não compreendi todas as implicações de suas palavras, mas no fundo sabia que ele estava certo. Quando nossa igreja acabou com os cultos noturnos aos sábados fiquei bastante aborrecido. Durante quase toda a minha vida eu tinha ido à igreja praticamente todos os sábados à noite. Levei dois anos até poder ficar em casa sem me sentir culpado ou sem marcar alguma atividade com as pessoas da igreja para me sentir produtivo.

– É por isso que você nunca consegue relaxar, Jake. Aposto que mesmo no dia de folga você fica inquieto se não fizer alguma coisa. Sente-se culpado por achar que está perdendo tempo.

Enquanto suas palavras iam penetrando em mim, outra música invadiu o corredor, vinda de uma sala de aula: "Oh, tenham cuidado, olhos pequeninos, com o que veem..." O último verso alertava que Deus estaria olhando para cada um de nossos atos. Embora dissesse que Deus o fazia "por amor", não creio que alguma criança acreditasse nisso. Para uma criança, o Deus todo-poderoso estava atrás das moitas com seu radar, pronto para capturá-la caso cometesse algum erro.

– Isso aí é o pior de tudo – disse João, balançando a cabeça em sinal de óbvio pesar. – Detesto ouvir as criancinhas cantando essa música.

No começo não consegui entender de que ele estava falando. A canção era familiar. Eu a tinha cantado desde criança e a tinha ensinado aos meus filhos. Achava que acreditar que Deus é capaz de ver tudo os ajudaria a fazer as escolhas certas.

– Você está dizendo que há algo de errado com essa canção?

– Diga-me você.

– Não sei. Ela fala do amor do Pai por nós e do Seu desejo de que evitemos fazer o mal.

– Mas qual é a mensagem que essa canção transmite?

– Não estou entendendo aonde você quer chegar.

– A música se apropria de palavras lindas como "Pai" e "amor" e transforma Deus num policial divino que se esconde atrás de um tapume com Seu radar. Quem vai querer caminhar ao lado de um Pai como esse? Não podemos amar o que tememos. Não podemos estimular uma relação com quem está sempre analisando nosso desempenho para se assegurar de que somos suficientemente adequados para merecer Sua amizade. Quanto mais nos concentramos em nossas necessidades e falhas, mais distante o Pai nos parecerá. É a culpa que faz isso. Ela nos empurra para longe de Deus quando estamos carentes, em vez de permitir que corramos para Ele com todas as nossas grandes falhas e as nossas dúvidas, a fim de receber Sua misericórdia e Sua graça. Nessa canção, invocamos Deus e Seu castigo para sustentar nosso entendimento do que significa ser um bom cristão. – O olhar de João transmitia carinho. – Pense nisto: Deus é um Pai que compreende nossa inclinação para o pecado, que sabe quanto somos fracos. Seu amor quer nos livrar dessa condição pecaminosa para nos transformar em Seus filhos, com base não em nossos esforços, mas nos Dele. É essa a mensagem que essa canção transmite?

– Acho que nunca tinha pensado nisso.

– Observe uma coisa. Todas as vezes que cantou essa música, você pensou em coisas que fez e que Deus não aprovaria. Sentiu-se mal ao pensar nessas coisas, mas isso não contribuiu para levá-lo a ser melhor. Portanto, racionalmente você continua a afirmar o amor do Pai, mas intuitivamente está se afastando Dele. Isso é a pior coisa que a religião faz. Quem vai querer ficar próximo de um Deus que está sempre tentando flagrar as pessoas em seus piores momentos ou castigando--as por suas falhas? Somos fracos demais para suportar, quanto mais amar, um Deus desse tipo. Recorremos à culpa para moldar o comportamento das pessoas, sem perceber que é essa mesma culpa que as manterá longe de Deus.

Estávamos novamente na entrada. João parou e se encostou na parede. Eu fiquei ali com ele por alguns instantes.

– Não admira que nos empenhemos tanto para que as pessoas façam o bem e raramente percamos nosso tempo ajudando-as a entender o que é se relacionar com um Pai que sabe tudo sobre elas e que mesmo assim as ama incondicionalmente.

Ele balançou a cabeça.

– É por isso que a morte de Jesus é tão ameaçadora para quem foi criado com a ideia da obrigação religiosa. Se você não aguenta mais as regras e entende que elas não são capazes de abrir as portas para a relação que seu coração anseia, a cruz é a maior de todas as novidades. Para quem, no entanto, conquistou importância dentro do sistema, a cruz é um escândalo. Tenha certeza: nós podemos ser amados sem fazer nada para merecer isso.

– Mas as pessoas não vão usar essa certeza como pretexto para se dar bem?

– Certamente, mas as coisas não estão erradas só porque as pessoas abusam delas. Aqueles que só estão em busca de benefício próprio podem usar qualquer recurso. Mas, para quem deseja realmente conhecer Deus, Ele é o único que pode abrir a porta.

– Será que é por isso que meus últimos meses foram tão improdutivos?

– Exatamente. A relação com Deus é a dádiva que Ele oferece gratuitamente. O importante na questão da cruz foi que Deus pôde fazer por nós o que jamais poderíamos fazer por nós mesmos. A questão não é quanto você O ama, mas quanto Ele ama você. Tudo começa Nele. Aprenda isso e sua relação com Deus começará a crescer.

– Então a maior parte do que estamos fazendo aqui está errada. O que pode acontecer se pararmos com tudo?

A canção de encerramento invadiu a entrada enquanto os colaboradores escancaravam as portas para a saída dos fiéis. Eu tinha ficado fora tanto tempo assim?

– A questão não é bem essa, não é, Jake? Estou me referindo ao seu relacionamento com o Deus vivo, não com esta instituição. Claro, isso acarretaria uma mudança drástica. Em vez de promover um espetáculo, deveríamos nos reunir para celebrar a obra Dele na vida do Seu povo. Em vez de ficar imaginando o que fazer para que as pessoas ajam de forma mais "cristã", deveríamos ajudá-las a conhecer melhor Jesus e deixar que Ele as transforme de dentro para fora. Isso revolucionaria a vida da Igreja e a vida dos fiéis. Mas não começa ali – ele apontou para as portas do santuário –, e sim aqui. – E bateu no próprio peito.

Um dos colaboradores me viu.

– Jake, você está aí. O pastor perguntou por você durante o culto. O sistema de som continuou dando problema e ele precisou de você.

– Oh, essa não! – resmunguei. – Tenho que ir – falei para João, enquanto enveredava pelas portas evitando por um triz a torrente dos fiéis.

Não sei o que houve com João depois disso, mas eu percebi que algumas mudanças na minha própria vida e naquele mural da escola dominical teriam que ocorrer.

4

POR QUE AS PROMESSAS NÃO SE CUMPRIRAM?

Detesto acordar às 6h para o café da manhã e verificar que ninguém mais aparece.

O grupo de responsáveis tinha sido constituído por cinco de nós depois de um retiro só para homens, seis meses antes, quando nos comprometemos a ser bons maridos, pais participantes e fiéis engajados. O comparecimento após as primeiras semanas tinha sido esporádico, mas nesse dia só um outro membro apareceu depois de dois meses sem comparecer às reuniões. Na verdade, já tínhamos até desistido dele.

Bob Miller, um dos membros do nosso conselho, só veio para me dizer que ele e Joyce tinham se separado. Eu esperava que Gil Rodriguez aparecesse, porque era o único com quem eu podia conversar sobre meus crescentes problemas na igreja, pelos quais eu culpava basicamente João. Assim, em vez de desabafar com um amigo, passei o tempo inteiro falando da separação com Bob.

Ele estava casado com Joyce havia mais de 30 anos. Criaram três filhos, e até aquele momento eu os considerava um dos nossos casais-modelo. Como Bob era membro do conselho, eu sabia que aquilo teria reflexos desagradáveis na nossa congregação.

Joyce havia descoberto casualmente imagens pornográficas no computador do marido, e se sentiu tão humilhada que pediu para ele ir embora de casa. Achei que se tratava de algum equívoco, mas Bob me garantiu que não. Era uma luta que ele travava desde os tempos de juventude e que, aparentemente, tinha conseguido vencer.

– Só que a internet tornou tudo fácil demais – ele confessou. Não era mais preciso se arriscar publicamente alugando um vídeo ou comprando revistas.

Durante a nossa conversa eu ouvia risadas insistentes vindas de outra ala do restaurante. Lembro-me de ter pensado que elas pareciam totalmente deslocadas diante do sofrimento à minha frente. Como alguém ousava demonstrar tamanha alegria àquela hora da manhã com pessoas sofrendo tanto ao redor?!

Tentei de tudo para ajudar Bob a contornar a situação, mas ele disse que era impossível. O último incidente não era o problema maior. O casamento dos dois já vinha mal desde que os filhos saíram de casa, e aquele tinha sido apenas o lance final numa longa sequência de episódios dolorosos. Por fim, terminamos às pressas o nosso café, pois Bob precisava ir trabalhar.

Nós nos dirigimos à caixa para pagar a conta. Eu estava com muita raiva dos que não tinham comparecido e de Bob, por ser tão idiota. Enquanto esperava pelo troco, deparei-me com um rosto familiar. Fazia aproximadamente dois meses desde nosso passeio pela escola dominical. Nossos olhos se encontraram, e ele me pareceu tão autenticamente surpreso quanto eu.

– João? O que você está fazendo aqui?

Um enorme sorriso iluminou seu rosto, e ele respondeu com uma voz alegre:

– Jake, como vai você? – Em seguida veio apertar minha mão.

Tentei apresentá-lo a Bob, mas não sabia seu sobrenome.

– Bob, este é João, um amigo que conheci há alguns meses. – Virando-me para João, acrescentei: – Desculpe, não me lembro de ter perguntado seu sobrenome.

– João basta – ele respondeu, apertando a mão de Bob.

Bob sorriu de volta, mas logo sua fisionomia assumiu um ar meio tenso.

– Você não é o...? – Em seguida, virando-se para mim, recomeçou: – Ele não é o cara...? – E então parou novamente, gesticulando meio sem jeito.

Eu tive receio do que Bob pudesse dizer em seguida e por isso pisquei para ele. Mas Bob completou:

– É o cara que botou você naquela enrascada?

Olhei meio envergonhado para João quando ele se voltou para mim.

– Eu não diria isso.

– Talvez tenha sido outra pessoa. – Bob olhou o relógio, informou que já estava atrasado para o trabalho e, com um aceno, saiu rapidamente.

– Estou surpreso em vê-lo – eu disse, voltando-me para João.

– Vim tomar café com um velho amigo esta manhã. Ele precisou ir embora, e eu ainda tenho quase uma hora até a partida do meu ônibus. – E apontou com a cabeça em direção à estação rodoviária, mais abaixo na rua.

– Para onde está indo?

– Tenho uma reunião no interior esta tarde.

– Você ia mesmo me procurar?

– Não pensei nisso, Jake, mas, se você quiser vir para a minha mesa, agora estou com tempo.

Eu o segui pelo salão até a mesa de onde parecia terem vindo as gargalhadas.

– Eram vocês que riam tanto, ou era em outra mesa? – perguntei, olhando para o salão.

– Oh, era o Phillip! Como seria bom se eu soubesse que você estava aqui, porque quero que vocês dois se conheçam. Quem sabe numa próxima viagem? Ele está passando por um momento parecido com o seu, tentando se manter à tona em águas turvas e profundas. É como um garotinho espadanando água numa piscininha de plástico. A alegria dele é ainda mais contagiante do que a risada.

– Fico feliz por alguém se divertir tanto – falei, o sarcasmo pingando dos meus lábios.

– Isso não soou legal.

– As coisas têm ido de mal a pior desde que eu o vi pela última vez e hoje de manhã chegaram ao auge. Ninguém apareceu na reunião do nosso grupo, exceto Bob, que não víamos havia bastante tempo. E que só veio para me dizer que ele e a mulher tinham se separado porque ela descobriu pornografia no computador dele. Ainda por cima, ele é um líder da nossa igreja. Veja só que problemão!

– Você parece mesmo bem irritado.

– Isso vai afetar a igreja.

– É por isso que você está irritado com ele?

Essa era a primeira vez naquela manhã que eu parava para pensar em como me sentia em relação a Bob. Estava tão aborrecido com a separação dele e com a forma como a igreja seria afetada que realmente nem havia pensado no meu amigo.

– Não pensei que estivesse zangado com Bob. Fiquei zangado com seu erro e...

– E o que isso vai custar para você.

– Não sei se foi desse modo que pensei, mas, agora que você está dizendo, sinto que fui muito duro com ele. Acho que o estou culpando por não ter sido mais leal com o grupo de responsáveis e por confessar suas dificuldades.

– Responsabilidade não é para quem enfrenta dificuldades, Jake. É para os bem-sucedidos.

– Mas nós não somos responsáveis uns pelos outros?

– De onde você tirou essa ideia?

– Está na Bíblia, não está?

– Pode me mostrar onde? – João pegou uma Bíblia da cadeira ao seu lado e a pôs sobre a mesa.

Eu a fui folheando, dando tratos à bola para encontrar uma passagem, mas não consegui. Passei até os olhos na lista de citações, mas percebi que todas aquelas passagens se referiam à nossa prestação de contas a Deus, não à relação entre nós.

– Os hebreus não falam a respeito de as pessoas serem responsáveis por liderar em certo sentido?

– Não – João disse rindo baixinho –, a Bíblia fala de líderes que prestam contas pelas vidas que afetam. Toda a responsabilidade nas Escrituras tem a ver com Deus, não com outros irmãos e irmãs. Quando assumimos a responsabilidade uns pelos outros, estamos na verdade usurpando o lugar de Deus. É por isso que acabamos nos magoando uns aos outros tão profundamente.

– Então como vamos mudar? Temos ensinado às pessoas que elas crescem em Cristo assumindo o compromisso de fazer o que é correto e seguir perseverando. Precisamos nos ajudar a fazer isso!

– Isso está dando certo para você, Jake, ou para o restante do grupo?

– Não muito, tenho que admitir. Mas é porque as pessoas não se comprometem o bastante.

– Você pensa mesmo assim?

Eu já tinha ouvido aquele tom de voz antes e sabia que no mínimo João não via as coisas daquela forma. Hesitei em responder.

– Você sabe aonde leva toda essa conversa de compromisso? – João perguntou.

– Ajuda as pessoas a tentar viver melhor, não é?

– Dá essa impressão. – João balançou a cabeça e soltou um suspiro profundo. – Mas não funciona. Não somos mudados pelas promessas que fazemos a Deus, mas pelas promessas que Ele nos faz. Quando assumimos compromissos que podemos cumprir somente por um curto período, nossa culpa se multiplica se fracassamos. Desapontar esse Deus não nos ajuda muito, e em geral acabamos remediando nossa culpa com drogas, álcool, comida, compras ou qualquer coisa que aplaque o sofrimento. Caso contrário, ele se expressa por meio de ira ou luxúria.

– Está dizendo que foi isso o que aconteceu com Bob?

– Eu não conheço Bob, mas diria que é algo nessa linha. Ele se sentiu suficientemente seguro para vir compartilhar suas mais profundas tentações?

– É evidente que não! – Eu balancei a cabeça, frustrado. – Muitas das nossas esposas dizem que nós precisamos de um retiro só de homens todo mês para nos mantermos motivados. Às vezes acho que elas têm razão.

– Sim, é fácil voltar renovado e cumprir os compromissos por algumas semanas. Mas o que acontece quando esse propósito diminui e deixa de ter graça tratar a própria mulher como uma rainha ou gastar tempo com os filhos, quando existem demandas mais urgentes no trabalho? Você finalmente se deixa vencer, porque internamente nada mudou. Trata-se de uma estratégia de fora para dentro, baseada no esforço humano, e simplesmente não vai funcionar.

– Então você está dizendo que a nossa estratégia só é capaz de gerar mais pecado?

– Para a maioria das pessoas, sim, é isso o que estou dizendo. É por essa razão que Bob não quer vir às reuniões, e os outros também não. Mesmo quando comparecem, provavelmente não revelam a verdadeira história de suas lutas. Iriam se sentir muito mal em relação a eles mesmos. Em vez disso, confessam pecados mais aceitáveis, como falta de tempo, raiva ou fofoca.

A expressão de João era grave.

– Essa é a pior parte do pensamento religioso. Ele se apropria das nossas melhores ambições e as utiliza contra nós. As pessoas que estão tentando ser mais leais a Deus, na verdade, se tornam mais escravas dos próprios apetites e desejos. Foi exatamente o que aconteceu com Eva. Ela só queria ser como Deus, o que é exatamente o que Deus quer para nós. Não foi o que ela quis que lhe trouxe problemas, mas o fato de ter confiado nas próprias forças para alcançá-lo.

Fechou os olhos por um momento e respirou profundamente.

– O apóstolo Paulo reconhecia a existência de três caminhos nesta vida, quando a maioria de nós reconhece apenas dois. Tendemos a pensar nossas vidas como uma escolha entre fazer o mal e fazer o bem. Paulo via dois modos distintos de se exercer o bem: um nos faz dar duro para nos submetermos às leis de Deus. E falha sempre. Mesmo quando se descrevia como um seguidor de todas as leis de Deus externamente, ele também se considerava o mais terrível pecador vivo por causa do ódio e da ira em seu coração. Certamente Paulo podia adaptar seu comportamento externo de maneira a acatar as leis, mas isso somente aprofundava ainda mais seus problemas. Ele, como você se lembra, saiu exterminando o povo de Deus em nome Dele.

– Certo, mas Paulo aí está falando da lei do Antigo Testamento. Nós não estamos obedecendo à lei. Estamos buscando viver segundo os princípios do Novo Testamento.

– Não, Jake, Paulo está falando de religião, o esforço humano para apaziguar Deus. Se fizermos o que Ele deseja, Deus será bom para nós, mas, se não fizermos, coisas ruins poderão ocorrer em nossas vidas. Na melhor das hipóteses, essa estratégia nos permitirá ser complacentemente éticos, o que é uma armadilha em si. Na pior das hipóteses, acumulará sobre nós uma culpa maior do que podemos suportar. O que você chama de "princípios do Novo Testamento" é apenas outro modo de viver de acordo com a lei. Você continua preso ao processo de tentar fazer com que Deus o recompense por fazer o bem.

– Ou seja, tentar fazer o bem pode ser ruim? – Eu não acreditava no que estava ouvindo.

– Se você prefere assim, é isso mesmo. Mas Paulo viu outro modo de viver com Deus, e esse modo era tão interessante que transformou toda a sua vida. Ele sabia que todas as nossas falhas resultam do fato de não confiarmos a Deus a tarefa de cuidar de nós. À medida que Paulo foi conhecendo Deus melhor, descobriu que podia confiar no Seu amor por ele. Quanto mais confiava no amor de Deus, mais liberto se via dos desejos que o consumiam. É só confiando em Jesus que alguém pode vivenciar a autêntica liberdade.

– Será que as pessoas não vão simplesmente usar isso como desculpa para fazer o que bem entenderem e ignorar o que Deus quer?

– É verdade, algumas o farão. Muitas já o fizeram. Mas as que realmente sabem quem é Deus vão desejar ser como Ele.

– Mas precisamos ter um padrão para que as pessoas possam se pautar por ele.

Foi aí que ele jogou a bomba que implodiu toda e qualquer concepção que eu pudesse ter sobre a vida cristã:

– Jake, quando é que você vai superar essa concepção equivocada de que cristianismo tem a ver com ética?

O quê? Ergui os olhos para João, sem conseguir articular qualquer pensamento coerente. *Se não tinha nada a ver com ética, com o que teria?* A vida inteira acreditei que o cristianismo era uma ética para a vida que me faria conquistar um lugar no coração de Deus. Finalmente encontrei algo para dizer.

– Eu nem sei como lhe responder. Passei toda a minha vida cristã achando que tudo era uma questão de ética.

– E é por isso que você a está perdendo. Fica de tal forma preso a um sistema de recompensa e punição que está perdendo a relação singela que Deus deseja ter com você.

– Mas de que forma vamos saber como Deus se sente em relação a nós se não vivemos segundo seus padrões?

– Você sempre volta para esse ponto, Jake. Não conquistamos o amor de Deus vivendo de acordo com Seus padrões. Encontramos Seu amor nos lugares mais inusitados. À medida que permitirmos que Ele nos ame e entendermos como retribuir Seu amor, veremos que nossas vidas se transformarão nessa relação.

– Como pode ser isso? Não devemos nos afastar do pecado para conhecer Deus?

– Caminhar na direção Dele *é* caminhar para longe do pecado. Quanto melhor você O conhecer, mais livre do pecado estará. Mas ninguém pode se afastar do pecado, Jake. Não com as próprias forças! Tudo o que Deus quiser fazer em você será feito, contanto que você aprenda a viver em Seu amor. Toda ação pecaminosa resulta da desconfiança no amor e nas intenções de Deus em relação a você. Pecamos para preencher lugares perdidos, para tentar lutar por aquilo que achamos que é melhor para nós ou para reagir à nossa culpa e à nossa vergonha. Quando você percebe quanto Ele o ama, tudo isso muda. À medida que cresce sua confiança Nele, você vai se vendo cada vez mais livre do pecado.

– Parece tão fácil quando você fala assim, João. Mas aprender a viver dessa forma seria agir contrariamente a tudo o que nos ensinaram.

– Por isso se chama "boa-nova", Jake.

Eu sabia que levaria algum tempo para assimilar essa conversa, pois ainda não havia assimilado a última. O que me fez lembrar que estava zangado com João. Não tinha muita certeza de como demonstrar isso, mas quando o vi começar a juntar suas coisas achei que seria melhor me apressar.

– Isso vai me deixar em maus lençóis, tal como ocorreu com nossa última conversa? – Meu tom de voz se tornara um tanto ameaçador.

– Então era a isso que Bob estava se referindo naquela hora? O que houve, Jake?

– Sua visitinha causou um tremendo alvoroço. O pastor Jim ficou zangado porque o sistema de som continuou fazendo ruídos durante o sermão. Isso o deixou desconcentrado, e ele acha que prejudicou a mensagem. Eu deveria estar ali para ajudar a consertar e, em vez disso, estava passeando pela nossa ala educacional com alguém de quem nem sequer sei o sobrenome. Isso não pegou muito bem. Eu nem soube dizer onde você morava. Jim ficou lívido e me acusou de estar dando um passeio com algum pedófilo em potencial pela ala das nossas crianças.

– Já é alguma coisa – João respondeu calmamente.

Pensei que a acusação fosse enfurecê-lo, mas nem ao menos o tirou do sério.

– Assegurei que não era verdade, mas ele quis saber como poderia confiar em alguém que não tinha responsabilidade suficiente para estar no lugar em que deveria se encontrar naquela manhã. Jim teve um acesso de fúria comigo, João. Jamais o vi daquele jeito. Temos sido amigos chegados há mais de duas décadas. Ele esteve ao meu lado em meus piores momentos e me apoiou quando outros tentaram me destruir. Agora critica tudo o que faço, e não nos sentimos mais à vontade um com o outro.

– Tudo isso mudou após minha última visita? Você não me disse lá no parque, há alguns meses, que as coisas já andavam meio tensas entre vocês dois?

Eu parei para pensar.

– Agora que você está dizendo, é verdade. Não tem sido fácil trabalhar com Jim faz uns seis meses ou mais. Ele está sempre distante e quase nunca responde às minhas sugestões.

– Isso soa como se houvesse algo mais aí.

– Seja o que for, só fez piorar. Ele nem gostou das mudanças que eu fiz.

– Mudanças? Que mudanças?

– As que você me disse para fazer.

– Eu não lhe disse para fazer nenhuma mudança, Jake. Ou disse?

– Eu me livrei daquela frase de que você não gostou, aquela que dizia que a nossa igreja era a casa do Senhor, bem como daquele pôster que induzia à culpa.

João riu baixinho e balançou a cabeça como se eu tivesse acabado de cometer uma gafe inocente.

– Aposto que isso não acabou bem.

– Não tem graça, João. Poucos dias depois que mudei o mural, Jill Harper, a senhora que fez todas aquelas letras e preparou o pôster a meu pedido, foi à minha sala. Perguntou o que tinha acontecido com o mural. Eu lhe disse que não estava me sentindo à vontade com algumas das mensagens que ele exibia e que pretendia refazê-lo. Ela ficou furiosa por eu ter feito a mudança sem consultá-la. Pedi desculpas, mas não adiantou muito. Ela não quer falar mais a respeito, e acho que anda destilando sua raiva para outras pessoas da equipe do ministério infantil. Muitas delas também estão aborrecidas comigo.

– E daí?

– Poucas semanas atrás apresentei uma nova proposta alterando a prioridade do nosso programa com as crianças, na linha do que conversamos quando estivemos lá.

– Uau!

– Uau? Eu estava tão animado. Passei um bom tempo preparando e imprimindo um texto de umas 10 páginas sobre como poderíamos reformular nossas aulas e requalificar nossos professores. Tinha quase certeza de que todos iriam ficar tão empolgados quanto eu com a perspectiva de colocar aquele ministério numa trilha melhor. Incluí recomendações específicas no sentido de acabar com os quadros de estrelinhas e substituir nossas músicas por outras que falem de amor.

– E?

– Acharam que eu os estava acusando de fariseus. Disseram que acreditavam na misericórdia, que todos haviam amadurecido com aqueles quadros e que colar estrelinhas dava às crianças uma sensação de compromisso. Fiquei muito surpreso, sem saber o que dizer. No meio da discussão, mal consegui me lembrar do que você tinha falado. A reunião foi um desastre.

– Posso imaginar, Jake. Lamento que tenha sido tão dolorosa.

– Nem sei o que fiz de errado, João. A vida na igreja, que já era difícil, agora é um pesadelo, e acho que o pastor perdeu o respeito por mim. Meu estômago está sempre embrulhado.

– Jake, se você não puder escutar mais nada do que eu digo, ouça ao menos isto: não use nossa conversa para tentar transformar os outros. Só estou tentando ajudá-lo a aprender a viver na liberdade de Deus. Enquanto não estiverem buscando o mesmo que você, as pessoas não entenderão e o acusarão de coisa bem pior. Você está tentando viver o que eu disse sem deixar que Deus torne isso verdadeiro em você. Assim não vai dar certo. Você vai acabar magoando uma série de pessoas e magoando a si próprio nesse processo.

João empurrou a cadeira e ficou de pé, buscando nos bolsos uns trocados para deixar de gorjeta.

– Você tem razão – eu falei, levantando-me também.

João me disse que precisava pegar o ônibus na rodoviária. Ofereci-lhe uma carona para me dar oportunidade de concluir a nossa conversa. Continuamos falando a caminho da caixa, ele pagou sua conta e fomos andando até o meu carro.

– Você ainda não está sentindo a presença de Deus mais real em sua vida, não é verdade?

– Por que você diz isso?

– Porque você ainda está tentando impor essa presença aos outros, em vez de procurar vivê-la. É natural que lidemos com nosso próprio vazio tentando promover mudanças nos que nos cercam. É por isso que hoje em dia a vida comunitária se constrói quase sempre em torno da responsabilidade e do esforço humanos. Achamos que, se conseguirmos que mais algumas pessoas façam o que é correto, tudo será melhor para nós.

– E não é verdade?

– Não, Jake! Nós nunca vamos conseguir endireitar tudo. Esta ideia só causa confusão. Desenvolver uma relação com Jesus é uma jornada para toda a vida. A vida da fé já é um esforço suficiente num mundo destruído. Não vamos complicar ainda mais as coisas para outros fiéis. Por que você acha que não apoiou Bob e que agora o seu pastor não o apoia?

– Não sei.

– Porque a verdadeira vida em comunidade não se baseia na responsabilidade. O fundamento dela é o amor. Estamos aqui para nos estimularmos uns aos outros na jornada, sem querer adaptar as pessoas ao padrão que achamos melhor para elas.

– Me explique melhor, João.

– Estou falando do processo que Deus utiliza para levar as pessoas à verdade. As pessoas descobrem a verdade em momentos distintos. Se assumirmos a responsabilidade por elas, as pessoas nunca aprenderão a viver no amor. Recompensaremos as que apresentam as melhores fachadas e perderemos as que se acham verdadeiramente empenhadas no esforço de aprender a viver em Jesus.

– Não consigo nem imaginar como compartilhar essa espécie de jornada com outros.

– Pode ter certeza de que essa é a melhor jornada, Jake! É a que abre a porta para que as pessoas sejam autênticas e saibam quem são. É a que as encoraja a se aproximar de Jesus, e não a tentar ajustar todo mundo às suas respostas para as questões do universo.

– Onde existe uma comunidade assim, João?

– Jake, você não entendeu. Não se trata de um lugar, mas de uma forma de viver ao lado dos outros fiéis. Existem pessoas que querem viver desse jeito? Com certeza. Vocês se encontrarão no momento certo. Mas primeiro permita-se mudar.

Assim que parei diante da estação, João foi abrindo a porta do carro.

– É melhor eu correr, Jake. Vou perder o ônibus.

– Você não pode me dar um telefone, um endereço onde eu possa encontrá-lo caso precise conversar?

– Isso não é fácil como você pensa – disse João, saltando do carro e batendo a porta. – Vou encontrá-lo novamente, tenho certeza disso – ele falou pela janela aberta.

– Mas eu não.

– Cuide-se, Jake. Você está no caminho certo. As coisas podem piorar antes de ficarem melhores, mas é isso o que acontece nas cirurgias. Quando finalmente melhoram, melhoram de fato!

– Não é dessa forma que eu sinto.

– Eu sei. Chegar ao fundo de nós mesmos não é a parte mais divertida. É só a primeira parte. Nessa hora, quanto mais perto ficamos de Deus, mais longe nos sentimos Dele. É por isso que quero estimulá-lo a continuar perseverando em Jesus. Ele vai dar um jeito em tudo de uma maneira que você não acreditaria, se algum dia eu pudesse lhe contar.

– Obrigado, João. Isso ajuda bastante. – Quando ele se virou para ir embora, lembrei-me de algo que não havia perguntado. – Você não poderia ao menos me dizer seu sobrenome?

Atrás de mim um táxi buzinou, e isso deve ter abafado a minha pergunta, porque João avançou em direção à entrada da estação sem se virar para trás.

5

AMOR COM UM ANZOL

Eu fui até lá para dar uma boa relaxada, mas acabei trazendo todas as minhas emoções de volta. Acho que não fiquei um só minuto do tempo que passei acordado sem pensar no que estaria acontecendo em casa. Minhas emoções fervilhavam com tanta frustração e raiva que nem aquele ambiente despoluído foi capaz de amenizar.

O lago Nellie é um dos meus locais favoritos. Fica nas Sierras Altas, no fim de uma trilha de cerca de 8 quilômetros que serpenteia encosta acima. É uma caminhada de duas horas e meia, e raramente encontro alguém, mesmo em pleno verão. Estávamos no início de setembro e eu tinha o lago inteiro só para mim nessa tarde amena. O lago é pequeno, mas eu sempre consigo pescar uma razoável quantidade de trutas.

Laurie tinha saído da cidade para visitar os pais por uma semana. Num momento de frustração, segui meu impulso e atrelei o trailer ao carro para subir até o lago, com a intenção de passar uns dias em retiro pessoal. Eu já tinha redigido meu pedido de demissão, mas ele continuava guardado na mesa do escritório enquanto eu pensava melhor no que fazer.

Eu pensava constantemente na minha última conversa com João. Nos seis meses que se passaram desde que nos víramos eu constatara que minha relação com Deus havia de fato começado a crescer. Achava-me mais consciente de Sua presença ao longo de todo o dia. Estava começando a aprender a confiar mais Nele do que em meus próprios esforços quando a igreja entrou em conflito. De certa forma eu tinha perdido Deus de vista e me via novamente buscando o rosto familiar de João em toda aglomeração de pessoas pela qual passava. Finalmente desisti e resolvi dar uma escapada, mesmo que por poucos dias.

Durante as duas últimas horas eu permanecera no lado sul do lago, pescando sem parar. Apesar de já ter fisgado quase 20 peixes e de me divertir arrastando-os até à praia, esses momentos apenas me distraíam temporariamente da dor maior que me revirava as entranhas. Eu havia presenciado algumas brigas terríveis na minha época de corretor de imóveis, mas nunca vira um grupo de pessoas se tratarem com tamanha hostilidade e desrespeito tentando manter uma aparência de simpatia e inocência.

– Imbecis! – exclamei bem alto exalando raiva, enquanto minha linha de pescar flutuava preguiçosa nas águas do lago.

– Espero que não esteja falando de mim.

A voz familiar veio da colina atrás de mim. Assustado, dei um pulo e olhei em volta. João, com uma mochila nos ombros, descia a encosta a caminho da praia do lago.

Quase tropecei na vara ao tentar colocá-la no chão e fazer um movimento para cumprimentá-lo.

– O que é que você está fazendo aqui em cima?

– Venho todos os anos nesta época por umas duas semanas só para me refugiar nas alturas e desfrutar um pouco de paz e tranquilidade. Não costumo encontrar gente, especialmente gente conhecida, por aqui.

– Eu também não. É por isso que gosto tanto deste lugar – falei.

– Você quer que eu vá embora?

– Está brincando? – Ele era a única pessoa cuja presença poderia me alegrar naquele momento.

João desafivelou a mochila e tirou-a dos ombros, encostando-a na raiz de uma velha árvore. Endireitando as costas, perguntou:

– Você vem aqui com frequência?

– Nem tanto. No máximo uma vez por ano. – Subitamente minha vara começou a tremer e caiu do tronco em que eu a havia apoiado. Eu a segurei e comecei a recolher a linha. O que parecia uma truta de quase meio metro irrompeu da água, pulando na minha direção. Minha linha afrouxou de repente quando o anzol se desprendeu de sua boca. João e eu rimos enquanto eu puxava a linha para a praia e deitava a vara no chão. Pescar era a última coisa que me passava pela cabeça agora.

– Mais uma que se vai livre – disse João. Então se sentou no tronco e perguntou: – Afinal, quem são os imbecis? Os peixes?

Meu rosto corou quando me lembrei da minha explosão de momentos antes.

– Não, João, a pescaria tem sido incrível. É o pessoal lá da cidade. Você não vai acreditar. Aconteceu de tudo nas últimas duas semanas. Veio à tona o que cada um tem de pior.

João me interrompeu assim que comecei a falar:

– Vamos voltar atrás. Como você tem estado desde nossa última conversa?

Demorei um pouco, procurando me concentrar em nosso último encontro.

– Na verdade, as coisas iam bastante bem. Eu estava começando a gostar novamente da minha relação com Deus, que era parecida com a que tinha quando O conheci. Parei de tentar fazer as coisas acontecerem a todo custo, e Ele se manifestou para mim de diversas maneiras. Passei a ver coisas a meu respeito que nunca tinha visto antes, por exemplo, quanto posso ser exigente e como confio pouco a Jesus os detalhes da minha vida. Mas, quer saber? Minhas falhas deixaram de ter tanta importância. Deus continuou a mostrar quanto desejava ser real na minha vida.

– Isso é ótimo! Sei que é difícil acreditar, mas desfrutar essa simples relação permitirá que Deus faça tudo o que deseja fazer por intermédio de você.

– Bom, mas agora a coisa não parece estar mais funcionando tão bem. Tudo está desabando em cima de mim, e ando sempre tão zangado que tenho assustado até minha mulher.

– Você também está zangado com ela? – João pegou do chão minha vara de pescar.

– Acho que não, mas certamente isso a afeta.

– Está aborrecido com o pastor?

– Procuro não ficar, mas ele torna isso impossível. Na verdade, eu estava me dando muito bem com ele desde que parei de tentar mudá-lo ou forçá-lo a uma relação que ele não deseja mais. Mas então aquele concerto idiota estourou nas nossas caras.

– Você contou a ele quanto está zangado? – João perguntou, enquanto lançava o anzol sem isca no lago.

– Ainda não! Ele me demitiria com toda a certeza, e aí para onde eu iria? Tenho pensado em me demitir. Já redigi até o pedido de demissão, mas quero conseguir outro emprego antes de entregá-lo. Eu desisti de tanta coisa para ir trabalhar com esse cara, e agora olhe só a minha situação! – Deixei escapar um longo suspiro e balancei a cabeça. Dava para sentir a pressão sanguínea nos ouvidos. – Ele está querendo que eu minta para ele.

– Sobre o quê?

– Nosso presidente da mocidade programou um show de início das aulas como atividade para estudantes universitários. Contatou uma banda que havia realizado uma manifestação contra as drogas no dia anterior numa faculdade local e pediu a seus componentes que transmitissem uma autêntica mensagem do Evangelho. Ele e os rapazes distribuíram filipetas do show pelas redondezas, o que atraiu muita gente. Mas a apresentação gerou uma crise daquelas. Alguns membros mais velhos da nossa igreja, reunidos em outro ponto da sede, escutaram a música e a acharam excessivamente profana. Quando foram verificar do que se tratava, se depararam com algumas garotas vestidas com tops minúsculos e rapazes com roupas de integrantes de alguma gangue. Acho que aquilo os deixou assustados e então acusaram o presidente da mocidade de estar profanando o santuário.

A lembrança de tudo aquilo me fazia mal. Respirei fundo e continuei:

– Mais tarde descobrimos que algumas das poltronas recém-forradas tinham sido rasgadas à faca e que iniciais haviam sido gravadas nas costas de algumas cadeiras. Também demos pela falta de partes do nosso equipamento de som e vimos que o banheiro masculino estava todo pichado. Tivemos um prejuízo aproximado de 350 dólares, e os membros mais velhos exigiram a cabeça de alguém. Alguns pais ouviram dizer que uns garotos tinham bebido e fumado no terreno do estacionamento depois do show.

– Esse tipo de atividade costuma dar confusão – falou João, sempre olhando para a linha boiando na superfície da água.

– Deu muito mais do que confusão. Algumas pessoas ficaram realmente indignadas quando descobriram o que tinha acontecido. Ouviam-se de longe os ecos da batalha: "Por que estamos tentando salvar os filhos dos outros, quando estamos perdendo os nossos?" "O lugar todo estava tomado por delinquentes."

– Isso seria um ganho real, já que o objetivo era atrair as pessoas.

– Pois é, agora esse aspecto está ficando claro para mim. É incrível como as pessoas se viraram umas contra as outras com tanta raiva.

– Se bem me recordo, o letreiro da frente da sua sede promete uma igreja "onde o amor é um estilo de vida"!

Precisei de alguns instantes para entender o que ele estava falando.

– Aquele letreiro está ali faz tanto tempo que acho que ninguém mais presta atenção.

– Evidentemente. – João deu um risinho.

– E você acha engraçado? – falei impaciente.

– Diria que é mais irônico do que engraçado, mas esse é o problema com as instituições, não é mesmo? A instituição oferece algo mais importante do que simplesmente amar uns aos outros da mesma forma como Deus nos ama. Quando se constrói uma instituição, é preciso dar proteção a ela e a seus bens para ser um bom diretor. Isso confunde as coisas. Até "amor" acaba sendo redefinido como aquilo que protege a instituição, e "desamor", como o que a prejudica. Isso transforma algumas das melhores pessoas do mundo em maníacos raivosos, convencidos de que qualquer palavrão que se diga ou acusação que se faça é o oposto do amor.

João recolheu o anzol e me mostrou.

– Este é o amor com um anzol. "Se você fizer o que nós queremos, nós o recompensamos. Caso contrário, o castigamos." Isso acaba não tendo absolutamente nada a ver com amor. Damos nosso carinho apenas a quem atende aos nossos interesses e o negamos aos que não o fazem.

– Que confusão!

– Está vendo como é penoso? É por isso que as instituições só têm condições de refletir o amor de Deus enquanto seus membros concordam em tudo. Qualquer diferença de opinião se transforma em competição pelo poder.

– Quanto a isso, não resta dúvida. As pessoas ficam com raiva umas das outras. Fui xingado de nomes que nunca tinha ouvido quando era corretor. As pessoas continuam reclamando dos prejuízos, embora uma família tenha prometido ressarcir todos os gastos com os consertos e repor o equipamento que estiver faltando. Não tem sentido.

– A não ser que tudo o que está acontecendo seja a expressão de um conflito mais profundo.

Eu ainda não tinha pensado nisso, mas, pensando a respeito, me dei conta de que os que expressavam opiniões mais duras também se achavam divididos em relação a outros assuntos.

– Você deve ter razão, João. Já tivemos essa tensão entre pessoas que receiam que trazer gente nova poderá arruinar o que conquistamos.

– Isso não é raro. Já conheci grupos que se engalfinhavam por causa das músicas que deveriam cantar ou sobre quem podia ter acesso ao novo ginásio. Alguns pensam em atrair novos adeptos. Outros querem manter tudo do jeito que lhes permita usufruir mais. Essas coisas nunca são fáceis.

– Eu já cansei dessa confusão toda e estou com medo de voltar. Amanhã à noite teremos uma reunião especial. Todo mundo está muito irritado. Não vai ser legal. Alguns membros do conselho exigem a demissão do presidente da mocidade e estão aborrecidos com Jim por ele ter perdido o controle da situação.

– E como você acha que isso vai acabar?

– O pastor é especialista em salvar a própria pele. Provavelmente vai ter que mandar o cara da mocidade embora. Jim já disse que, se ele pedir demissão, lhe dará uma bela carta de recomendação. E é aí que ele está querendo que eu minta.

– O que ele quer que você diga?

– Está tentando lavar as mãos dizendo que não fazia ideia da espécie de banda que era. Mas ele sabia, sim. Tinha escutado um dos CDs deles e foi alertado de que a música que faziam era excessivamente barulhenta. Ele disse a Eliot e a mim que estava muito animado em poder chegar até a juventude sofrida da nossa comunidade.

– Uau!

– É. Mas agora ele mudou a versão. Há uns dois dias, um dos nossos membros mais antigos o atacou violentamente, e ele se defendeu dizendo que fora surpreendido. Disse que fui eu quem aprovou. Agora o pastor e Eliot estão contando histórias contraditórias e acusando-se mutuamente de mentirosos. Quando relembrei a Jim a nossa conversa anterior, ele alegou que se sentira traído e que, no calor do momento, esqueceu que tinha escutado o CD. Que, se tivesse a mínima noção do que poderia acontecer naquela noite, jamais teria dado permissão. E agora quer que eu sustente a história dele e deixe Eliot mal. Disse que, depois de tudo o que já fez por mim, eu lhe devo essa.

– Tenho a impressão de que, se você lhe deve alguma coisa, é porque ele nunca fez nada de fato por você.

As palavras de João ficaram suspensas no ar enquanto eu tentava entender o que ele queria dizer com elas.

– Você está afirmando que ele não fez aquelas coisas todas por mim? Por quem, então? Por ele mesmo?

– Por quem mais? Está vendo como nossas definições de amor acabam distorcidas quando os interesses da instituição se tornam prioritários? Provavelmente ele se importa com você, não quero negar isso. Mas, como está no centro do conflito, quer cobrar uma dívida que você não tem. O problema da igreja, como você sabe, Jake, é que ela se transformou numa mútua acomodação de necessidades individuais. Todo mundo precisa de alguma coisa dela. Alguns precisam liderar. Outros precisam ser liderados. Há quem deseje ensinar, outros se contentam em ser plateia. Em vez de se tornar uma manifestação autêntica da vida e do amor de Deus no mundo, a igreja acaba sendo um grupo de pessoas que precisam proteger o próprio território. O que você está vendo é a insegurança das pessoas que tratam de se agarrar às coisas que acham que servirão melhor às suas necessidades. Não é a vida de Deus.

– Então é por isso que as pessoas de repente podem ficar tão agressivas quando se sentem ameaçadas? Agem como cães raivosos quando alguém tenta lhes tirar o osso.

– Exatamente! E fazem isso achando que Deus está do seu lado. Nessas horas, o grupo costuma rachar, criando novos arranjos internos capazes de atender melhor às inseguranças de cada um. Depois que a raiva desaparece, o ciclo recomeça mais uma vez.

– Portanto, não importa o que eu faça, vai sempre piorar.

– Qual é a sua escolha?

– Tenho que apoiar um ou outro.

– Ou então contar a verdade e deixar que os cacos caiam onde devem cair. Minha impressão é de que não estão lhe pedindo que escolha entre Jim e Eliot, mas sim entre a verdade e a mentira.

Eu não sabia o que dizer ou o que fazer. Embora João tenha deixado mais clara a escolha, nem por isso a tornou mais fácil. Havia muita coisa em jogo, e eu detestava ser colocado nessa posição. O silêncio foi ficando embaraçoso.

Por fim, João se levantou.

– Não sei o que você vai fazer, Jake, mas uma coisa eu aprendi nesses anos: toda amizade que requer que você minta para preservá-la provavelmente não deveria sequer ter começado.

Não me agradava nem um pouco pensar que minha amizade com Jim não era autêntica.

– É só um momento de fraqueza, tenho certeza disso. Ele está com dificuldades em relação a pessoas importantes e tenta fazer o melhor no interesse da igreja.

– Isso é o que ele lhe disse ou você tirou essa história da sua cabeça?

Fiquei olhando para João, percebendo que nossa conversa não estava melhorando em nada minha frustração. No mínimo, aumentava a ansiedade. Deixei escapar um suspiro profundo e levei as mãos à cabeça.

– Gostaria que fosse assim tão fácil. Somos amigos há muito tempo.

– Amizade é bom, Jake, mas não quando fica assim complicada. Se bem me lembro, você me contou que essa amizade já vinha diminuindo.

Por alguma razão eu não havia pensado nisso quando Jim veio pedir minha ajuda. Ele mostrou preocupação comigo e se desculpou dizendo que, por andar tão ocupado, deixara nossa amizade meio de lado. Eu fora novamente envolvido.

– Tem razão, João. Ele vem se mostrando distante faz algum tempo e raramente abre o coração durante nossas reuniões do conselho ou em nossos momentos de oração.

– Do que você acha que ele anda se escondendo?

– Como posso saber? Não tenho certeza.

– Não? – ele perguntou, erguendo a sobrancelha de modo a deixar claro que continuava aguardando uma resposta.

– Não sei. Só sei que ele está menos disponível para a equipe e para a congregação.

– Minha experiência demonstra que, quando as pessoas se afastam das amizades que tiveram durante muito tempo, geralmente é porque estão escondendo algo. O que você pretende fazer?

– Não sei. Tenho tudo a ganhar ficando do lado dele e tudo a perder se não o fizer.

– Então você está no centro do seu mundo particular, assim como Jim está no dele.

Isso não me soou bem.

João prosseguiu:

– Sei como isso parece grave para você, Jake, mas não se deixe enganar. Se quer viver essa jornada, tem que colocar a honestidade acima de qualquer objetivo pessoal. É fácil tentar acobertar certas coisas pelo bem da instituição, mas esse é um passo numa trilha onde Deus não reside.

– Mas eu preciso desse emprego até pelo menos encontrar algum outro.

– Existem coisas piores do que perder o emprego, Jake. E isso não vai alterar em nada a responsabilidade de Deus em cuidar de você.

– O que está dizendo? Que eu deveria simplesmente ir embora? Não consigo imaginar como poderei sobreviver sem essa igreja. Ela tem sido meu lar há tanto tempo que acho que sem ela sou capaz de morrer!

– É isso o que eles querem que você pense, mas não é bem assim. Isso explica ainda por que todo mundo anda brigando com tanta fúria. Eles também acham que não podem desistir da igreja e por isso precisam vencer. Essa armadilha já capturou muitos filhos de Deus. Quando temos muito medo de ficar completamente desamparados sem a instituição, a noção de certo e errado desaparece e a única coisa que passa a nos preocupar é a própria sobrevivência. Essa espécie de raciocínio tem conduzido a incríveis sofrimentos ao longo de toda a história da Igreja.

– Não consigo ver dessa forma, João.

– Tenho certeza que não, mas a realidade é essa mesmo. Quando construímos a vida da Igreja com base na necessidade, ficamos cegos à verdadeira obra de Deus por meio da Sua Igreja.

– O que quer dizer?

– Por que as pessoas frequentam a sua igreja, Jake?

– Porque acreditam na nossa fraternidade. Precisamos dela para nos alimentarmos, para nos responsabilizarmos pelos demais e para crescermos juntos na vida em Cristo. Está dizendo que isso não está certo?

– E quando uma pessoa não comparece mais, o que acontece com ela?

– Deve encontrar outra igreja e se envolver nela, caso contrário secará espiritualmente ou cairá em pecado.

– Ouça bem o que está dizendo, Jake. Você está recorrendo a palavras como "precisar", "dever", "responsabilizar"... Essa é a vida para a qual você foi chamado por Deus?

– Acho que sim.

– As Escrituras não empregam a linguagem da necessidade quando se referem à conexão vital que Deus estabelece entre os que creem Nele. Nossa única dependência é de Jesus! É somente Dele que temos necessidade. É o único a quem seguimos. O único em quem Deus quer que confiemos e a quem quer que recorramos para tudo. Quando fazemos de Jesus um ídolo, acabamos de mãos atadas. A religião sobrevive dizendo-nos que, se não nos mantivermos alinhados com seus preceitos, um destino horrível cairá sobre nós.

Parou, dando tempo para que eu absorvesse. Depois retomou:

– O natural para nós é compartilhar a vida na Terra. Quem pertence a Deus abraçará a vida que Ele deseja que Seus filhos compartilhem. E essa vida não consiste em brigar pelo controle da instituição, mas simplesmente em nos ajudarmos a aprender a viver profundamente em Deus. Sempre que deixamos outros fatores interferirem, estamos usando o amor para fisgar outras pessoas com nossos anzóis. Nós as recompensamos com afeto e as punimos retirando-o.

Uma luz se acendeu dentro de mim. Eu sabia que ele estava certo.

– Como é que eu não vi isso antes, João? O sistema inteiro se baseia num anzol. Chegamos a usar conceitos como "unidade doutrinária" para controlar as pessoas e impedir qualquer possibilidade de discórdia. Como as pessoas, em sua maioria, só se sentem bem quando agradam às demais, é natural que queiram se enquadrar nos nossos ensinamentos e nos nossos programas. João, que coisa horrível!

Ele permaneceu em silêncio, deixando que a minha descoberta pessoal prosseguisse.

Eu estava perplexo, pensando em como tinha sido cego em relação a todas as formas com que manipulamos uns aos outros. *Não admira que eu esteja exausto o tempo todo! Venho procurando atender às expectativas das outras pessoas e ao mesmo tempo tentando manipulá-las para que atendam às minhas.* Tenho feito com os outros exatamente o que o pastor está fazendo agora comigo. Estou reproduzindo esse comportamento até com Laurie, levando o estresse para dentro de casa, para o meu próprio casamento.

– Isso está presente em quase tudo o que eu faço, João.

– Sei disso, mas não se esqueça de que você não está só. Lembra-se de como os próprios discípulos de Jesus tramaram para obter o primeiro lugar em Seu reino e usar o poder de Deus para punir os samaritanos? Até descobrir como confiar em Deus para tudo na vida você tentará controlar constantemente os outros para obter coisas que pensa que necessita.

– Então o que devo fazer, João? Somente desistir do meu emprego?

– Não acho que você deva decidir agora. Se eu fosse você, me aproximaria um pouco mais de Jesus e Lhe pediria que mostrasse o que Ele deseja que você faça. Ele deixará isso claro, contanto que você não complique a coisa com tentativas de se proteger procurando preservar seu emprego, ser aceito e querido pelos outros, salvar sua reputação.

– "Aquele que salva sua vida a perde", não é?

– Essas palavras estão no âmago do aprendizado sobre como viver na realidade do reino de Jesus. E não se esqueça do que vem depois: "Aquele que perder a vida por mim a encontrará." Essa estrada nunca é muito fácil, mas você descobrirá que a alegria de viver na vida Dele aliviará muito todo o sofrimento do processo.

– E se eu estiver errado?

– Errado em relação a quê? Você seria capaz de trair a verdade apenas para manter um emprego?

– Não, não é isso. E se eu estiver errado em relação a essa situação toda e sendo apenas egoísta?

– O egoísmo existe quando você se protege à custa de outra pessoa. Arriscar o emprego, a reputação e amizades que pareciam verdadeiras não me parece egoísmo.

– Mas como é que eu posso ter certeza que não vou armar uma grande confusão?

– A questão não é essa. Também não é possível ter certeza. Você só pode ser responsável por fazer o que pensa que é o melhor. Se cometer um engano, ficará sabendo na hora e aprenderá com ele. No mínimo aprenderá a ser mais dependente de Jesus do que dessa coisa que chama de igreja. Ninguém é perfeito, Jake. E, quando você desistir de tentar parecer o que é, estará livre para segui-Lo.

João pôs o braço sobre meu ombro e me garantiu que estaria orando por mim.

– É hora de eu ir andando – ele falou, virando-se e recolocando a mochila nas costas.

Olhei então para o relógio e não pude acreditar na hora. Minha mulher fica sempre preocupada quando me embrenho sozinho no mato, e eu tinha prometido telefonar por volta das 15h30. Mesmo a passo acelerado, a caminhada levaria no mínimo uma hora e meia. Eu chegaria atrasado e tinha receio de que ela mobilizasse toda a Guarda Florestal à minha procura.

– Oh, meu Deus! Estou quase uma hora atrasado – falei, juntando minhas coisas apressadamente. – Você está voltando para a cidade?

– Não. Vou caminhar um pouco mais para oeste e passar alguns dias aqui em cima.

– Suponho que não adiantaria lhe pedir para que nos encontremos novamente qualquer dia desses.

– Nenhum de nós tem controle sobre isso, Jake, e na verdade não precisamos ter. Veja o que aconteceu hoje. Se Deus é grande o bastante para fazer com que nossos caminhos se cruzem em plena floresta, creio que podemos deixar que Ele se encarregue do nosso próximo encontro.

Eu não tinha tempo para contra-argumentar, por isso nos abraçamos e parti rumo ao início da trilha. A última vez que vi João, ele estava subindo pela encosta rochosa a oeste do lago. Se eu soubesse naquela hora o que me esperava adiante, acho que teria ficado ali mesmo.

6

PAI AMOROSO OU FADA MADRINHA?

Fazia uns dois meses que eu vira João perto do lago Nellie, mas parecia uma eternidade. A reunião da congregação depois do nosso encontro foi o meu Waterloo. Eu tinha a esperança de que meu amigo, pastor e chefe Jim caísse em si e contasse a verdade antes da reunião, ou mesmo um pouco depois. Mas ele não o fez. Deu mais valor à segurança de uma mentira do que à amizade, ou o que quer que um dia tenhamos tido. Fiquei chocado!

Ele me intimara antes da reunião a apoiar sua versão, dizendo que, do contrário, eu poderia procurar outro emprego. A tentação de ceder foi grande, mas não podia passar por mentiroso por causa dele. Evitei a verdade quanto pude dizendo que pensei que ele tinha aprovado a apresentação musical, mas que talvez eu não tivesse entendido direito. Seu olhar penetrante me fez ver que minha manobra não fora bem aceita.

Na manhã seguinte, ele me chamou, acusou-me de trair nossa amizade e exigiu minha demissão até o fim do dia. Eu a entreguei num piscar de olhos, imprimindo-a do notebook que tinha levado comigo.

– Estou muito desapontado com você – ele disse, evitando olhar nos meus olhos. – Você prometia tanto e agora joga tudo por terra! Com que propósito? – Disse que iria providenciar meu pagamento até o fim do mês e me alertou que acabaria com a minha reputação na cidade se eu ficasse falando mal dele. Quando levantei para sair, Jim parecia um pouco mais calmo. – A despeito de tudo, jamais esqueceremos a contribuição que você deu durante sua permanência aqui, e espero que continue a frequentar esta igreja para receber o tratamento de que necessita.

Balancei a cabeça ao sair, chocado com tamanha audácia. *Quem é que pode se tratar no próprio local do acidente? Para curar um ferimento é preciso um hospital ou um médico.* Quando Laurie, eu e as crianças não comparecemos no domingo seguinte, Jim leu nossa carta de demissão e, como soubemos depois, fez um duro sermão de 20 minutos sobre o caráter elevado que se exigia das pessoas no ministério. Disse a todos que eu havia mentido para desacreditá-lo e assumir seu posto. Falhas de caráter no ministério sempre vêm à tona em épocas de crise, acrescentou. Fiquei chocado ao constatar que ele transformara o próprio pecado numa acusação a mim.

Alguns amigos telefonaram para me dar apoio e dizer que também estavam saindo, mas a maioria nos evitou. Nos dias que se seguiram eu me sentia mortificado toda vez que alguém me virava as costas numa loja, fingindo não me ver. Laurie e eu fomos a algumas congregações diferentes aos domingos, porque sentíamos que devíamos fazê-lo, mas nossos corações não estavam ali, agora que sabíamos o que havia por trás do vidro fumê e dos espelhos. Eu estava perdido. Algumas pessoas que haviam deixado a igreja junto conosco alimentavam a esperança de que eu fundasse outra, mas não tive ânimo. Quanto mais o tempo foi passando, mais as amizades foram se afastando.

Retornar ao ramo da corretagem de imóveis não era nada fácil. O mercado estava em baixa, e todo mundo tinha excesso de empregados. Tentei começar um negócio próprio, mas meus antigos contatos já haviam encontrado outros para representá-los, e a coisa não pareceu muito promissora.

Com poucos amigos, nenhum rendimento regular e um futuro sem perspectivas, eu finalmente chegara ao fundo do poço. Afundei mais quando Laurie ligou para o meu celular dizendo que nossa filha sofrera um ataque de asma na escola e tinha sido levada para o hospital. Enquanto corria para ver minha filha, a ira dentro de mim explodiu. Depois de tudo o que eu tinha feito por Deus, achava que Ele podia cuidar da minha família um pouco melhor do que vinha fazendo. Tentava me controlar por dentro, sem saber como iria pagar a conta do hospital, já que não tinha mais seguro-saúde.

Agora dá para entender por que eu quis sumir quando João entrou no refeitório aquela noite? Sim, Andrea estava melhor, mas eu me sentia revoltado e não queria meter Deus naquela conversa. O que eu tinha feito de tão errado para que minha filha precisasse sofrer daquela maneira?

Eu tinha buscado um breve refúgio ali para tomar uma xícara de café, ler uma revista e procurar não pensar em tudo o que estava me deixando transtornado. Foi quando João invadiu meu santuário particular. Tive esperança de que ele pudesse ler minha linguagem corporal e fosse embora, mas ele continuou vindo até finalmente se deter atrás da cadeira na minha frente e começar a puxá-la.

– Incomodo se me sentar com você?

É claro que incomoda! Fora daqui! Você só me causou problemas desde o dia em que o vi! Mas meu filtro "bonzinho" editou esse protesto antes que chegasse à minha boca. O que saiu foi:

– Acho que gostaria de ficar sozinho um pouco.

Ele pareceu surpreso. Empurrou a cadeira novamente para debaixo da mesa e com voz doce falou:

– Por mim tudo bem, Jake. Podemos conversar outra hora.

Ergui os olhos e deixei escapar um suspiro de irritação enquanto ele dava a volta à mesa e punha a mão no meu ombro. Alisando-o carinhosamente, disse:

– Só quero que você saiba quanto lamento tudo isso que você está passando.

Pode ter certeza de que eu me preocupo com você. – Mais outra palmadinha no meu ombro e se dirigiu para a porta.

Fiquei olhando fixamente para suas costas enquanto ele se afastava. Uma batalha se travava dentro de mim. A maior parte do meu eu estava zangada o suficiente para estrangulá-lo antes que pudesse dizer uma palavra. Mas uma pequena, porém significativa, porção de mim queria saber o que ele tinha a dizer a respeito da confusão em que eu me achava envolvido. Se ele cruzasse aquela porta, eu não sabia quando o veria novamente. Mal ele pressionou a barra móvel da porta, eu me ouvi gritando:

– João, espere!

Ele se virou, com as costas segurando a porta aberta.

– Desculpe ter sido tão grosseiro. Podemos conversar um pouco, se você ainda quiser.

– Tem certeza, Jake? Às vezes ficar sozinho num momento como esse pode ser melhor.

– Cansei de ficar sozinho... – Minhas palavras foram tragadas por um soluço incontrolável que veio escapando da garganta até me fazer estremecer de dor. Não pude dizer mais nada, enquanto as lágrimas e os soluços brotavam de um poço sem tampa. Quando João retornou sobre seus passos, me senti constrangido e tolo ao mesmo tempo, pois, mesmo nos piores momentos, eu tinha dificuldade para chorar. Procurei me controlar, mas não consegui, e João veio por trás de mim e colocou as duas mãos nos meus ombros.

– Tudo bem – ele disse, massageando-me os ombros. – Você vai ficar bem.

Achei que ele estava orando, mas os soluços me impediram de entendê-lo. De onde estava vindo isso tudo?

Provavelmente só se passaram cinco minutos até eu recobrar a compostura, mas me pareceram uns 20. Consegui balbuciar um eventual "desculpe", e ele continuou me garantindo que não tinha a menor pressa. Nunca me senti bem demonstrando minhas emoções em público, mas João parecia em paz quanto a isso. Esperou com palavras confortadoras que a dor diminuísse.

Quando consegui, ele se sentou ao meu lado. Eu nem sequer tentei esconder minha raiva.

– Como Deus pode permitir que todas essas coisas horríveis aconteçam comigo quando estou tentando lutar por Ele? E deixar minha filhinha passar por tudo isso sem que eu tenha condições de pagar. Tenho implorado a Deus para que ela fique boa, para que Ele olhe pela minha família e destrua meu ex--amigo por tudo o que ele fez para me magoar. – O último pedido, eu sabia, era um tanto suspeito, mas o rei Davi também tinha feito uma prece semelhante nos Salmos. – E, acima de tudo, estou furioso com você! Desde que entrou na minha vida, tudo estourou em cima de mim. Nunca me senti tão frustrado na vida espiritual ou mais afastado da Igreja. E o resultado final é que estou desempregado e sem renda! Que bela vida em Cristo isso acabou virando!

João não mordeu a isca e se limitou a me olhar com os mesmos olhos penetrantes que eu vira pela primeira vez naquela rua de San Luis. Eu queria provocá-lo para que se defendesse, mas ele não reagiu. Apoiou a cabeça na mão e suspirou.

– Sei que não tem sido muito fácil até agora, Jake. Essa fase nunca é. Apenas tente se lembrar de que você está no meio de uma história, e não no final.

– O que isso quer dizer?

– Deus está fazendo algo em você, respondendo às preces mais profundas que você nunca tinha feito antes. Sim, esse processo levou enorme sofrimento a sua vida, mas Ele não o abandonou, Jake. Longe disso! Está olhando por você hoje com a mesma atenção de sempre.

– Não está parecendo, com toda a certeza! A impressão que dá é de que Ele virou todo o Seu arsenal contra mim. – Em seguida, após uma breve pausa, meu lado cético revelou toda a sua feiura: – Eu sei, sentimentos não interessam.

– Pelo contrário, interessam, e muito! Mas o fato de você não sentir que Deus está ao seu lado não quer dizer que Ele não esteja. Só significa que seus sentimentos estão sintonizados na frequência errada. Não tenho certeza de que este seja o momento mais adequado para falarmos sobre isso, mas Deus quer ajudá-lo a ver através de certas coisas que continuam perturbando você.

– Bom, então eu não estou zangado com você, mas sim com Ele! Não quero que Deus use a minha vida como uma bola de futebol que outras pessoas ficam chutando por aí.

– Não se trata disso. Sei que você tem a impressão de ter perdido tudo aquilo a que dava mais valor, o que em certa medida é verdade. Não pense que Deus orquestrou esses acontecimentos por algum motivo elevado. Você tem pedido para conhecê-Lo do jeito que Ele realmente é, e isso sempre terá consequências. É sempre mais fácil fazer o jogo cultural ou religioso do sistema do que descobrir quem na verdade Deus é e como Ele deseja caminhar ao seu lado.

– Mas antes, pelo menos, eu sabia como pagar minhas contas – repliquei.

– Ou pelo menos achava que pagava.

Com um suspiro profundo, olhei para João. Era isso o que eu mais detestava nas nossas conversas. Ele disparava um comentário como esse e me deixava imaginando durante dias ou até semanas qual seria o significado. Só explicava se eu perguntasse, e eu não estava mais tão certo de querer saber qualquer coisa. Fiquei dividido entre perguntar ou simplesmente pedir licença e voltar para junto de Andrea.

O silêncio permaneceu suspenso entre nós durante um longo tempo. Eu estava decidido a não perguntar nem dizer nada. Finalmente João levantou a cabeça com um leve sorriso.

– Mas você se sentia sempre frustrado, não é?

– Quando? Frustrado com o quê?

– Com o jogo religioso. Ter que jogá-lo nunca deixou você muito satisfeito, não é verdade? Você foi dormir frustrado sempre que Deus não fez o que você esperava Dele, não é mesmo?

– Nem sempre – respondi, pensando nos últimos anos. – Lembro-me de alguns momentos incríveis em que Deus foi bom comigo.

– Eu sei disso, mas esses momentos duraram?

– Não, e é isso que me deixa danado. Justo quando eu penso que as coisas vão realmente melhorar, elas pioram. E até o meu encontro com você, que começou muito promissor, agora é tão frustrante quanto tudo o que leva o nome de Deus.

– E por que você acha isso?

– Escute aqui, João. Se você tem algo a me dizer, diga logo. Não estou com energia nem disposição para ficar fazendo joguinho de palavras com você.

– Desculpe, Jake. – João tentou segurar meu antebraço, que pendia sob a mesa. – Eu nunca fiz qualquer tipo de jogo com você.

– Então o que está acontecendo, João? Depois de todas as mudanças dos últimos meses para fazer as coisas certas para Deus, é natural achar que Ele poderia fazer mais por mim. Não consegui emprego. Minha reputação junto a pessoas que conheço há mais de 20 anos foi destruída. Laurie e eu vivemos brigando, e minha filha quase morreu hoje.

– Quer dizer que você acha que Deus está lhe devendo?

– E não está? Por que eu devo tentar segui-Lo com tanto empenho se Ele não quer olhar por mim?

– Ah, é isso – João replicou, recostando-se na cadeira. – Você alimentou a ideia de que sua bondade iria efetivamente determinar a maneira como Deus o trata. Se você faz a sua parte, Ele tem que fazer a Dele.

– E não é assim?

– Jake, Deus está fazendo a parte Dele o tempo todo. Ele o ama mais do que qualquer pessoa é e será capaz de amar e não abandonará você nunca. Às vezes nós cooperamos e às vezes não, e isso pode afetar o modo como as coisas se encaminham. Mas não pense que pode controlar Deus com suas ações, porque não funciona assim. Se pudéssemos controlar Deus, Ele seria como um de nós. Então não é melhor deixá-Lo lidar conosco do Seu jeito para que assim nos tornemos como Ele?

– Mas veja só a confusão em que me meti, João. Só tentei fazer o que era certo, e isso não me ajudou em nada.

– Pode ter certeza de que o ajudou de maneiras que você ainda não percebe. Ele o está libertando das coisas nas quais você costumava buscar segurança no passado. Elas impediam que Deus fosse para você o Pai que Ele sabia que você desejava, e de qualquer forma eram falsas esperanças. Perdê-las é sempre doloroso, eu sei, mas você se engana quando pensa que Deus se virou contra você, ou que de certo modo o vem ignorando.

– E o que mais eu posso pensar? Achei que Deus estava deixando certas coisas mais claras e que isso traria um pouco mais de alegria e paz à minha vida. Achei que outros iriam amar da mesma forma meu novo modo de ver as coisas. Mas descobri que não e fico me perguntando se não tenho sido enganado. Tratando-se de Deus, você não acha que as coisas deveriam estar melhorando?

– Acho, sim, e acho também que estão.

Mal pude me conter.

– Como é que você pode dizer uma coisa dessas? É algum idiota? Olhe só como eu estou aqui!

– Devo admitir que sua situação parece bem pior atualmente. Mas não podemos olhar só por esse ângulo. Você está numa nova estrada, ainda com os olhos em sinais de estradas antigas. Acho que o que Deus quer que você saiba é que esses velhos sinais são apenas mitos para escorar um sistema falido. Eles não funcionam mais, como você está verificando.

– Que espécie de mitos?

– Por exemplo, você acha que o sofrimento é um sinal do desapreço de Deus em relação a você. Jó também não cometeu esse mesmo erro? O sofrimento muitas vezes indica que Deus está nos libertando de algo para que possamos segui-Lo e integrá-Lo mais profundamente em nossa vida. Caminhar com Deus sempre significa ir contra a maré. Não espere que sua situação se adapte facilmente a essa jornada. Ela vai resistir a cada momento. Deus quer ensiná-lo a caminhar com Ele através de todas essas coisas, para que você possa conhecer a alegria e a paz que transcendem as circunstâncias.

– Mas Deus não promete abençoar aqueles que o seguem?

– Certamente, só que Ele não define essas bênçãos nos mesmos termos que você. Ele o está guiando numa jornada mais longa do que você é capaz de imaginar. Continue seguindo-O e ficará absolutamente impressionado. A coisa mais difícil que vai aprender nessa jornada é a desistir da ilusão de controlar a própria vida ou de ser capaz de manipular Deus para que Ele o abençoe.

– Foi a isso que você se referiu quando falou em pagar minhas contas, não foi?

– Foi. Deus vai providenciar. Ele sempre faz isso. Só que você não fica sabendo. Se você não tem emprego nem seguro-saúde, isso não significa que Ele irá abandoná-lo. Se algumas pessoas estão destruindo sua reputação, isso não quer dizer que elas terão a última palavra. Deus não é uma fada madrinha que recorre à varinha de condão para deixar tudo do jeito que queremos. Você não irá longe se questionar o amor Dele por você todas as vezes que suas expectativas não forem atendidas. Ele é seu Pai. Sabe bem melhor do que você aquilo que você necessita. Ele é um provedor muito melhor para você e sua família do que imagina. Está trazendo você para a vida Dele e, em vez de livrá-lo dessas coisas pelas quais está passando, preferiu usá-las para lhe mostrar o que são verdadeiramente a liberdade e a vida autênticas.

– Ele gosta que eu sofra, é isso?

– Espero que você entenda melhor. Deus agoniza junto com você. Como não, se o ama? Ele não faz isso *para* você, mas está trabalhando em meio à imperfeição deste mundo para cumprir algo maior em você. Convença-se disso, e até o espinho das situações difíceis será polido. Você O encontrará no meio delas e O verá cumprir Sua meta sem o seu controle. É aí que a vida Dele começa de fato a tomar conta de você.

– Acho que preferia só ser feliz – eu disse com um risinho sarcástico. Era a primeira manifestação de humor que eu ousava fazer nos últimos dias, e me senti melhor.

– Mas a felicidade é uma substituta muito pobre para ser transformada na imagem de Deus, não acha?

– Eu sei! Mas isso não é fácil.

– Ninguém disse que seria. E você torna tudo ainda mais difícil quando pensa que Deus está contra você! E se tivesse a certeza de que Ele está ao seu lado, guiando-o para a vida que você tanto deseja?

Tive que pensar nisso por um instante.

– Se fosse assim, eu certamente não me sentiria tão transtornado.

– Não, não se sentiria. E ainda seria capaz de desfrutar a presença de Deus enquanto Ele está resolvendo tudo. Você sente falta daquilo que os autores do Novo Testamento proclamavam: embora Deus não orquestre nossos sofrimentos, Ele os utiliza para levar a liberdade ao mais profundo do nosso ser. Se você caminhar ao lado Dele, em vez de afastá-Lo com queixas e acusações, ficará surpreso com o que Ele fará.

– Mas continuo sem saber como vou pagar a conta do hospital.

– Ele vai pagar, Jake! Já está providenciando tudo. O fato de você ainda não ser capaz de ver não altera a realidade.

– Para mim estaria tudo bem se eu não tivesse que assistir à minha filha passando por tudo isso. Não consigo imaginar que Ele a faria adoecer para negociar comigo.

– E estaria certo nesse ponto. Andrea tem sua própria jornada com Deus, e Ele irá igualmente caminhar com ela. Você não tem como evitar que sua filha sofra, e a luta dela não é algo que Deus criou para chegar até você. Mas eu acho que você nunca mais irá vê-la com asma novamente.

– É mesmo? Por que está me dizendo isso?

– Na verdade, eu vim ao hospital esta noite para ver outro amigo cuja vida está se aproximando do fim. Foi assim que soube que você estava aqui. Vi você e sua mulher tendo uma pequena discussão do lado de fora do quarto de Andrea um pouco mais cedo.

Imediatamente eu repassei nossa dura troca de acusações. Ambos estávamos sob a mesma pressão e começamos a acusar um ao outro. Fiquei envergonhado ao pensar que João nos tinha visto.

– Não foi nada bonito, não é?

– Não se preocupe com isso, Jake. Vocês dois estão numa situação difícil, e eu nunca iria julgar a forma como estão lidando com ela. Só achei que não era a melhor hora para interromper. Voltei um pouco mais tarde para ver se conseguia tirá-los dali e encontrei Andrea sozinha, lutando para respirar. Os olhos dela estavam arregalados de tanto medo. Então eu me aproximei e perguntei se podia fazer uma prece por ela. Andrea fez que sim com a cabeça, e eu orei. Só o tempo dirá, imagino, mas acho que a asma dela se foi.

– Você a curou?

– Como se eu pudesse! Não, mas tenho certeza de que Deus o fez.

– Sério? Eu orei milhares de vezes e Ele não fez isso por mim.

– Quem disse que não? Eu apenas juntei as minhas orações às suas.

– Mas por que Ele não fez a cura nas outras centenas de vezes em que eu pedi?

– Porque não é você quem controla, Jake, nem eu! É Ele. Curar não é mágica. Quando aprendemos a viver Nele, passamos a colaborar com o que Ele está fazendo. Eu estava só orando para que Andrea respirasse com mais facilidade e ficasse na paz de Deus, mas estou convencido de que Ele fez algo muito maior.

– Por quê?

– Não sei como descrever isso, a não ser dizendo que senti a asma saindo dela. Acho que ela também sabe disso. Sua respiração, em seguida, ficou tranquila como a sua. O pavor em seus olhos desapareceu, um sorriso se formou em seus lábios e ela afundou no travesseiro com um suspiro profundo.

– Foi por isso que a encontrei dormindo. Achamos que eram os medicamentos que finalmente estavam fazendo efeito.

– Tenho certeza de que eles ajudaram, mas Deus resolveu fazer algo mais.

– Será maravilhoso se for verdade. Odeio vê-la sofrer. Mas o que você está me dizendo é que eu deveria simplesmente ser feliz, não importa o que Deus faça ou como o faça.

– Não é bem isso o que estou dizendo, Jake. Estou meramente ajudando-o a ver do que Deus é capaz na situação em que você se encontra. Ele não precisa que você finja. Você levantou algumas questões sinceras, e Deus é grande o bastante para lidar com elas. Não fuja do seu sofrimento nem tente escondê-lo Dele. Isso não vai impressioná-Lo e não ajudará você. Leve sua raiva até Deus. Ele sabe como conduzi-lo em meio a tudo isso e lhe mostrar Sua glória de formas com as quais você nunca sonhou.

Então a porta do refeitório se abriu novamente. Uma enfermeira varreu o salão com os olhos.

– Você é o João?

– Sim – ele respondeu.

– Você disse que queria saber se o senhor McNeal tivesse uma piora. Acho que está chegando a hora.

– Obrigado. Já vou indo. – E, voltando-se para mim, falou: – Preciso ir agora. Por que você não vai ver Andrea e depois dorme um pouco?

– Mas não estou certo de ter resolvido tudo.

– Nem vai estar nos próximos minutos ou nas próximas horas. Essa é uma jornada para a vida inteira, Jake. Aprender a perder a ilusão de que pode controlar e deixar que Deus faça tudo à maneira Dele não são coisas fáceis para nenhum de nós. Esta não é a última lição.

– Mas ainda não sei o que fazer em relação ao meu emprego, à igreja, a tudo mais – falei, enquanto meu rol de perguntas não respondidas ia se desdobrando em minha cabeça. Queria que João me apontasse o caminho.

– Deixe que eu lhe faça uma pergunta, Jake. Há alguma coisa de que você sente falta no dia de hoje?

– De emprego. Preciso arranjar um jeito de pagar essa conta. – Fiz um gesto com as mãos para me referir ao hospital onde estávamos.

– Ou você precisa ter certeza de que seu Pai já sabe dessas coisas e o ama o suficiente para resolver tudo junto com você? Você tem tudo de que necessita hoje. Só ainda não tem tudo de que necessita até o fim do mês. Mas isso ainda está longe.

– Bom, nesse ponto você tem razão. – Tive que concordar.

– Isso é tudo o que nos foi prometido, Jake. Quando você puder confiar no amor Dele em todos os momentos saberá verdadeiramente como é viver livre.

João foi-se levantando da mesa e eu o abracei antes que partisse.

– Mas onde eu encontro essa fé?

– Não vai encontrá-la. É algo que Deus cria dentro de você, mesmo nas situações que o afligem. Apenas siga em busca Dele e observe o que fará. Ele é o Pai que o conhece melhor do que você mesmo se conhece e que o ama mais do que você próprio se ama. Peça-Lhe que o ajude a ver quanto Ele o ama. Isso fará toda a diferença. – Em seguida, João apontou para a porta. – Preciso ir.

Nós nos abraçamos e ele rumou para a saída. Peguei minhas coisas e fui atrás dele. Mal podia esperar para ver Andrea. Enquanto caminhava, decidi que viveria o resto dos meus dias acreditando que o amor do meu Pai estaria comigo em qualquer circunstância, em vez de colocá-lo em dúvida. Mal sabia eu naquela hora quanto iria precisar disso.

7

QUANDO SE CAVA O PRÓPRIO BURACO, É PRECISO JOGAR A TERRA EM ALGUÉM

Escutei atrás de mim o urro estrondoso que atravessava o campo vindo das arquibancadas do outro lado. Nem precisei olhar do meu assento no setor popular para saber que não era uma boa notícia para a minha universidade. Virei o pescoço bem a tempo de ver a camiseta branca de um jogador da Jefferson cruzando em disparada a linha de gol com os braços levantados em exultante comemoração. Logo ele foi cercado pelos companheiros de equipe.

Dei um suspiro e balancei a cabeça com tristeza. Após levar para o intervalo uma modesta vantagem de 3 x 0 no placar contra os adversários amplamente favoritos, o Ponderosa Bears permitiu que eles dessem um passe de 73 jardas e marcassem um *touchdown* logo na primeira jogada do segundo tempo. Essa não era uma partida de futebol americano como qualquer outra. Tratava-se do Clássico do Sino de Bronze, símbolo da rivalidade entre as duas primeiras universidades de Kingston que, em 45 anos de história, havia adquirido proporções míticas. Os vencedores conquistavam o Sino de Bronze, um enorme troféu cujo nome vinha do sino que ficava na velha torre da universidade original, além do direito de se pavonearem pela cidade durante um ano inteiro.

Nada era mais importante para os veteranos do que ganhar o sino em seu último ano de universidade, e os ex-alunos o desejavam quase tão ferozmente quanto eles. Sequoia vinha mantendo o Sino de Bronze nos últimos seis anos – uma marca humilhante que eu tinha esperança de que acabasse nessa noite. O primeiro tempo fora promissor, mas eu sabia que um jogo desses podia virar facilmente de um momento para outro.

Quando ia retornando ao meu lugar na arquibancada, meus olhos deram com uma figura familiar encostada no alambrado olhando para o campo. Era difícil afirmar daquele ângulo, sobretudo porque ele estava usando um casaco largo e uma boina na tentativa de se proteger do frio. Então seu rosto virou para o placar, e eu o vi de perfil. *Até aqui*, pensei.

Deixei meu lugar e fui em sua direção. Cheguei por trás e o segurei pelos ombros.

– O que é que você está fazendo aqui? – perguntei.

Quando ele olhou por cima do ombro para ver quem o estava abordando, pareceu genuinamente surpreso. Um sorriso se espalhou por seu rosto ao se virar e me abraçar.

– Jake, que bom encontrá-lo! Tinha a esperança de que você estivesse aqui.

– Não sei por que, mas nunca achei que você tivesse cara de quem gosta de futebol – respondi, fazendo com a cabeça um gesto em direção ao campo.

– Na verdade não gosto muito, mas é impossível estar em Kingston na noite de hoje sem vir assistir a esse espetáculo. Nunca vi nada igual... fogos de artifício para começar a partida e uma multidão ensandecida!

– É uma rivalidade apaixonada. Até já apareceu na *Sports Illustrated* há alguns anos. Foi uma propaganda tremenda do evento. Mas o que o traz à cidade?

– Estou visitando umas pessoas e combinei me encontrar com uma delas aqui. Como vai Andrea?

– Nunca mais teve uma crise desde que você orou por ela no mês passado. Sou muito grato.

– Que bom. E você, está bem?

– Vou indo. Não posso dizer que está tudo ótimo, mas de fato venho levando muito a sério o que você me disse da última vez, João. Pedi a Deus para me ajudar a ver quanto Ele me ama, mesmo quando as coisas não estão fáceis. Financeiramente ainda estou meio apertado, mas tenho visto a providência divina funcionar de formas bastante interessantes.

– Como, por exemplo?

– Estou trabalhando com corretagem de imóveis, embora um tanto devagar. Nas horas vagas, as pessoas têm me contratado para fazer trabalhos de pintura ou jardinagem em suas casas. Algumas até me deram presentes significativos para nos ajudar a sobreviver. Eu não queria aceitar, mas elas disseram que foi Deus quem colocou esse desejo em seus corações. Todas as vezes nós estávamos realmente precisando do que elas ofereceram.

– Deus não é incrível?

– Ele deixa as coisas chegarem quase até o limite, se você quer saber. Também fechei minha primeira venda de um prédio comercial faz poucas semanas. Quando receber a comissão, será uma boa ajuda.

– Nunca se esqueça de que Ele não se preocupa com o amanhã, porque já deu um jeito em tudo. Está convidando você para viver com Ele na alegria do momento, reagindo ao que Ele coloca bem à sua frente. A liberdade de simplesmente segui-Lo nesse caminho transformará muitos aspectos da sua vida. Ele o ama, Jake, e quer que você viva com essa certeza, sem ter que ficar se preocupando com tudo.

– Estou começando a entender. Tenho lido e relido o capítulo 8 da Epístola aos Romanos, tentando imaginar o que Paulo queria dizer. Parece que ele passou a confiar no amor de Deus a partir do que se cumpriu na cruz. Foi por ter tomado conhecimento de tudo aquilo que Paulo nunca mais pareceu duvidar do amor de Deus, ainda que as coisas tenham sucedido de forma tão brutal para ele. Eu sempre vi a cruz como uma questão de justiça, não de amor, ao menos aos olhos de Deus. Sei que Jesus nos amou o bastante para morrer por nós, mas não foi Deus que O fez passar por tudo aquilo? Se foi capaz de tratar o próprio Filho daquela forma, sendo Ele inocente, como isso prova Seu amor por mim?

– Você está cometendo um erro comum. Muita gente vê a cruz apenas como um ato de justiça divina. Achamos que Deus impôs o castigo final a Seu Filho para satisfazer Sua necessidade de justiça, assim aplacando a própria ira e permitindo-nos ficar impunes. Essa pode ser uma boa explicação para nós. E quanto a Deus?

– Isso foi o que sempre me perturbou. Entendo que a cruz me mostrou quanto Jesus me amava, mas com certeza não foi ela que me fez querido por Deus.

– Mas não se trata de como Deus vê a cruz, Jake. Sua ira não foi uma expressão do castigo que o pecado merece, foi o antídoto para o pecado e a vergonha. A finalidade da cruz, como Paulo escreveu, foi para que Deus transformasse Seu Filho no próprio pecado, de modo a poder condenar o pecado e purgá-lo da raça humana. Seu plano não consistia somente em proporcionar uma forma de perdoar o pecado, mas de destruí-lo, para que pudéssemos viver livres.

– Como Deus foi capaz de fazer Jesus passar por tudo aquilo?

– Não pense que Deus foi um mero espectador distante naquele dia. Ele estava em Cristo, reconciliando o mundo com Ele mesmo. É algo que os dois fizeram juntos. Não foi sacrifício algum o que Deus exigiu para ser capaz de nos amar, mas um sacrifício que o próprio Deus ofereceu em troca do que necessitávamos. Ele pulou na frente de um cavalo desembestado e nos empurrou para a salvação. Foi massacrado pelo peso dos nossos pecados para que pudéssemos ser resgatados deles. É uma história incrível.

– Que eu quero entender melhor, porque ainda é muito complicada – respondi. – Acho que estou começando a descobrir de que jeito a Igreja me desencaminhou.

– É mesmo?

Eu já tinha ouvido João usar essa expressão inúmeras vezes, e geralmente era com os olhos arregalados e um risinho na voz.

– Eu não creio que a Igreja desencaminhe as pessoas. Aqueles que estão à frente de certas instituições religiosas talvez sim, mas é bom não confundir isso com a Igreja como Deus a concebe.

O uso que ele fazia dos termos me deixou meio confuso, mas fui em frente assim mesmo.

– Poucos dias depois da nossa última conversa entrei em contato com Ben Hopkins, que foi meu assistente num grupo que eu coordenava antes de ser varrido da igreja. Ele descobriu algo chamado "igreja em casa" e encontrou bastante informação a respeito na internet. Ele e eu vamos inaugurar uma dessas igrejas no próximo fim de semana.

– Vocês dois? – Ele se mostrou bem menos empolgado com a notícia do que eu imaginei que fosse ficar.

– É. Não foi onde tudo começou? Os primeiros cristãos se encontravam nas casas uns dos outros. Não construíram enormes organizações. Não tinham um clérigo profissional para dirigir tudo. Simplesmente compartilhavam a comunidade como irmãos e irmãs. Foi isso o que andei buscando desde que me tornei cristão. Sempre achei que nossa concepção de Igreja parecia criar mais problemas do que resolvê-los. – Eu falava com entusiasmo. – Essa é a única forma comunitária que me empolgou. Parece que há milhares de pessoas pelo mundo inteiro que abandonaram suas congregações tradicionais e estão tentando redescobrir a vida da maneira como era na Igreja primitiva. Muitos estão chamando essas experiências de derradeira tentativa de Deus para purificar Sua Igreja.

– E isso vai acontecer apenas porque as pessoas irão se encontrar numa casa?

Seu aparente cinismo me surpreendeu.

– Não é isso o que você acha? – Eu quis saber.

– Não me leve a mal, Jake. Buscar novas formas de relação para se compartilhar a vida com outros fiéis é algo maravilhoso. Mas só mudar o encontro para uma casa não irá atender a todas as suas expectativas.

– Isso nós sabemos. Reunimos um grupo de cinco famílias que querem começar uma igreja em casa e trabalhar realmente em comunidade. Faremos nossa primeira reunião no sábado à noite. Você não gostaria de vir?

– Adoraria ver o que vocês estão fazendo, mas não ficarei tanto tempo assim na cidade, Jake.

Nesse exato instante vi um rosto familiar emergindo da multidão e caminhando em minha direção. Observar as aglomerações próximas havia se tornado um hábito meu desde que saíra da igreja Centro da Cidade. Tantas mentiras tinham sido espalhadas a meu respeito que estava cansado de enfrentá-las. Agora um dos piores desses fofoqueiros se achava logo ali à minha frente. Ben tinha sido membro do conselho da igreja e nós dois integramos um grupo de coordenadores durante muito tempo. Justamente quando pensei que ele não me veria, nossos olhos se cruzaram. Tentando ser educado, estendi a mão.

– Ben, como tem passado?

Ele me deu um olhar raivoso, virou-se e imediatamente se misturou à multidão. Senti-me um idiota com a mão estendida e o rosto vermelho de vergonha ao perceber que João presenciara aquilo.

– Odeio isso – eu falei, virando-me para o campo de jogo. João se virou também, apoiando a perna numa barra do alambrado e firmando os cotovelos na barra superior. – Desde que saí da igreja Centro da Cidade isso se repete. As pessoas que eram amigas próximas viram as costas como se não me conhecessem. Ben e eu éramos íntimos. Fiquei ao seu lado numa crise difícil que ele passou com a mulher faz uns dois anos, e agora nem sequer me cumprimenta. – Balancei a cabeça com pesar. – E isso ainda não é o pior.

– Não?

– Fico mal quando gente que eu considerava amiga vira as costas, fingindo não me ver. Mas isso é uma atitude mais honesta do que a dos que me apunhalam pelas costas e depois se dirigem a mim em público com abraços e sorrisos, fingindo que nada aconteceu. Eu encontrei meu antigo pastor outro dia numa festa de casamento. Ele correu para me abraçar, como se fôssemos grandes amigos, mas sempre olhando para os lados, procurando se certificar de que as outras pessoas estavam notando quão afetuoso ele era. Eu queria que ele se afastasse, mas sabia como isso ia parecer indelicado.

– É muito triste, não é?

– Triste? Eu diria que é absolutamente desprezível!

– É isso o que você está sentindo da parte dele?

– Não estava me referindo ao desprezo *dele* – estava falando do meu!

– Eu também, Jake. O desprezo dos demais não é capaz de atingi-lo se você não estiver fazendo o jogo deles.

– De que jogo você está falando?

Nesse momento gritos por toda parte me fizeram voltar os olhos para o campo a tempo de ver a bola cortando o ar após mais um passe longo e caindo bem nos braços de outro terrível jogador de azul que correu sem ser impedido até a linha fatal.

– Vamos deixar o Sino escapar mais uma vez – murmurei com irritação. – Outro ano de humilhações. – Balancei a cabeça.

– É exatamente esse o jogo! Seu valor como pessoa está condicionado ao que 50 garotos de universidade fazem ou deixam de fazer no campo. Você entrou no jogo, e é por isso que se sente tão mal quando as pessoas não sabem como lhe responder.

– Do que é que você está falando, João? Isso é uma partida de futebol americano! Eu estou me referindo a gente de carne e osso.

– Eu também. Medir seu valor pelo que umas 50 pessoas dizem por aí, ou pelas mentiras que alguém conta a seu respeito, é praticamente a mesma coisa.

Quando os atacantes azuis marcaram mais um ponto, vi que o jogo estava perdido.

– Além do mais, não é um jogo justo.

– Nao?

– Não. O *quarterback* deles, que deu os passes para todos os *touchdowns*, deveria ser do nosso time. Ele era do distrito de Ponderosa, mas transferiu-se para Jefferson quando entrou para a universidade. Talvez seja o melhor atleta que esta cidade já conheceu. Dizem que houve uma série de negociações escusas com o técnico de Jefferson para tirá-lo daqui. Prometeram matriculá-lo num programa de pós-graduação depois que se formasse.

– Tem certeza?

– Todo mundo sabe, João. Dizem ainda que ele anda enfrentando problemas com drogas ultimamente e que a universidade esconde isso para mantê-lo jogando. Provavelmente este ano eles serão os campeões do Vale.

– Você está falando de Craig Hansen, não é?

– Você o conhece?

– Conheço muito bem o pai dele. Era o homem com quem eu estava tomando o café da manhã quando nos encontramos naquele refeitório há quase um ano. Não acho que as coisas sejam bem assim como você está descrevendo. Craig é um garoto muito legal, e posso lhe garantir que não usa drogas.

– Mas ele nos abandonou – falei aborrecido.

– Você não faz a menor ideia do que aconteceu, faz? No oitavo período de Craig, a mãe dele morreu e o pai faliu. Eles não puderam manter a casa e tiveram que se mudar para a casa da irmã da mãe. Não havia como levá-lo todo dia para treinar com os antigos colegas de time. Isso deixou Craig arrasado. Ainda hoje ele tem muito poucos amigos na equipe. É adorado por seu talento, mas vive solitário porque quase ninguém se interessa verdadeiramente por ele.

– Não foi o que ouvi dizer.

– Mas é a verdade. Estive com o pai dele esse tempo todo.

– Por que ele não falou sobre isso com ninguém? Simplesmente sumiu e apareceu em seguida jogando pelo nosso rival mais odiado.

– Craig ficou sem graça para tentar explicar a coisa toda até para os colegas de classe. O problema dele não é diferente do seu.

– Como é?

– Craig também sabe o que é ver antigos amigos virarem a cara para ele no shopping.

– Touché! – Balancei a cabeça rindo para João. Era a primeira vez que eu entendia antecipadamente o que ele queria dizer. – Estou fazendo com Craig a mesma coisa que outras pessoas fazem comigo.

– Bom, só em parte, Jake. Vocês estão presos no mesmo jogo da aprovação. É assim que essa cultura funciona. Você faz o que eles querem e eles o cobrem de reconhecimento. Mas, se os contraria, eles crucificam sua reputação, sejam quais forem os fatos.

– Estou me sentindo muito mal em relação ao Craig. Não sabia...

– E eu lamento por você, Jake. Os sistemas religiosos também precisam pôr em prática o jogo da aprovação.

– É por isso que eu passei de "estrela em ascensão" a "pária condenado" de um momento para outro?!

– Exatamente – confirmou João. – E é a razão pela qual você pode amanhã vir a ser outra vez uma "estrela em ascensão", caso confesse que foi tudo culpa sua. Eles irão comemorar seu retorno com a mesma rapidez com que o puseram porta afora. Tudo depende de você permanecer no jogo e obedecer às regras.

Ficamos os dois olhando fixamente para o campo, mas eu já estava há algum tempo com a mente bem longe do jogo. De repente me ocorreu algo.

– Quer dizer então que, mesmo fora da igreja, eu continuo jogando esse jogo?

– Oh, é claro! – João sorriu. – É bem mais fácil sair do sistema do que tirar o sistema de dentro de você. Esse é um jogo que pode ser jogado de dentro e de fora. A aprovação que você sentia vinha da mesma fonte da vergonha que sente agora. É por isso que dói tanto quando você ouve os boatos ou vê os velhos amigos virando as costas, constrangidos. Verdade seja dita, Jake: algumas dessas pessoas ainda se importam de fato com você, mas não sabem como demonstrá-lo agora que você não faz mais parte do time. Não são más pessoas, são apenas irmãos e irmãs perdidos em algo que não é tão divino quanto pensam que é.

– Minha filha Andrea me contou que na semana passada viu na escola dois professores conversando. Eles não sabiam que ela estava dentro do banheiro quando passaram. Andrea ouviu falarem o meu nome e ficou escutando. Um dos professores, um veterano da Centro da Cidade, dizia ao seu colega que eu havia prejudicado seriamente a igreja e que soubera que eu tinha problemas com bebida.

– E como é que ela lidou com isso?

– Eu perguntei o que ela achava, e sua resposta me surpreendeu: "Bem, pai, eu acho que quando se cava o próprio buraco é preciso jogar a terra em alguém." E logo saiu correndo para brincar.

João soltou a maior gargalhada que eu já o ouvira dar.

– Adorei essa! É incrível como as crianças conseguem perceber o jogo com tanta facilidade. Ela sabe muito bem quem você é, e o que os outros dizem não muda nada. Ela não entrou no jogo.

– Mas por que nós não conseguimos ver quanto esse jogo é destrutivo? Outras pessoas estão sendo enganadas!

– Elas não querem ver, Jake. Os sistemas religiosos se sustentam na insegurança das pessoas. Elas não aprenderam a viver no amor do Pai, a seguir-Lhe a voz e a depender Dele. Consequentemente, não podem deixar que nada perturbe seu lugar no jogo para não se sentirem perdidas. Está lembrado do nosso passeio pela sua escola dominical há mais ou menos um ano? Desde muito cedo fomos treinados para precisar da aprovação dos outros e passamos o resto da vida nessa dependência.

– E parte desse programa de treinamento inclui marginalizar aqueles que não se enquadram. – Dei um suspiro profundo. – Eu com certeza fiz o mesmo com outros. Não tinha ideia de como a gente se sente desse lado.

– A institucionalização gera amizades baseadas em tarefas. Enquanto partilhamos as mesmas tarefas, podemos ser amigos. Quando não, as pessoas tendem a tratar o outro como mercadoria danificada. Agora você sabe como é estar do outro lado, e uma das melhores coisas que Jesus está realizando em você é libertá-lo do jogo. Assim você pode viver profundamente Nele em vez de se preocupar com o que as pessoas possam pensar a seu respeito.

– Isso tem me torturado a vida inteira.

– E, enquanto você precisar que os outros o entendam e aprovem o que está fazendo, será propriedade de qualquer um que deseje mentir sobre você.

– Como é que eu posso superar isso?

– Fique tranquilo, pois você vai aprender a lidar melhor com essa questão. Mas por enquanto basta que saiba que a necessidade de convencer os outros de que está certo é uma necessidade sua, não de Deus. Já reparou como Jesus não dava a menor atenção ao que os outros pensavam Dele? Mesmo quando as pessoas não compreenderam nada e O acusaram de coisas terríveis, Ele jamais saiu em sua própria defesa e nunca permitiu que isso O desviasse do que sabia que o Pai Lhe pedira para fazer.

– Ele não faria o jogo.

– Absolutamente correto, Jake. E Ele está ajudando você a parar de jogar também. Você não imagina como vai ser capaz de ajudar outras pessoas a encontrar a mesma liberdade.

– Bem, para mim chega! Não entro nesse jogo nunca mais.

João riu baixinho de novo.

– Como eu gostaria que fosse assim tão fácil. Você sabia que eles estavam errados, mas isso ainda o incomodava. Como vai parar assim de repente? Na verdade, vai ter que viver o processo, e a dor de se sentir rejeitado faz parte dele. Jesus está usando o que há ao seu redor para ajudá-lo a aprender a valorizar mais o que o Pai acha de você do que aquilo que outro qualquer possa achar.

– É por isso que estou tão animado com a nossa nova igreja caseira. Podemos tratar de temas autênticos como esse.

Esperava que ele fosse me incentivar. Em vez disso, apenas me olhou como se eu não tivesse escutado uma só palavra do que ele dissera.

Precisei de alguns minutos para entender a razão, e então se fez a luz.

– Isso também é um jogo, não é?

– Não necessariamente – respondeu João –, mas é possível que se torne, da forma como você está conduzindo as coisas.

– O que quer dizer?

– Se é apenas um novo lugar para você encontrar sua identidade e enterrar sua culpa, pensando que descobriu um modo melhor de fazer isso, estará matando a mesma sede, apenas de uma fonte diferente. É isso o que eu ouço quando você considera esse novo grupo um grande "lance de Deus". Ainda está falando como se estivesse competindo com outros irmãos e irmãs. Você não consegue amar o competidor, e, enquanto mantiver os olhos no placar, pode estar certo de que estará competindo.

– Então não deveríamos fazer isso?

– Não foi o que eu disse, Jake. O que eu espero que você faça é simplesmente deixar que Deus o conecte a esses irmãos e irmãs com quem Ele deseja que você caminhe por enquanto. Pense menos em "dar início" a alguma coisa do que em aprender a dividir sua vida em Deus com outras pessoas envolvidas numa jornada semelhante. Não alimente sua necessidade de estar mais certo do que os outros e então saberá com mais clareza o que Ele está realizando em você.

Nesse momento alguém me abraçou por trás, agarrando-me pela cintura. Meu coração disparou só de pensar em quem poderia ser.

– Estava me perguntando o que tinha acontecido com você. – Era minha mulher, Laurie. – Cadê a pipoca e o refrigerante?

Retribuí seu abraço e só então reparei que o jogo estava praticamente no fim.

– Encontrei um amigo e ficamos conversando. Deixe-me apresentá-los. Este é o João, de quem tanto tenho falado.

– Você está brincando – ela disse, esticando a mão para apertar a de João.

Ele retribuiu o cumprimento, sorrindo.

– É verdadeiramente um prazer poder enfim conhecê-la.

– Bem, você não me parece ter 2 mil anos de idade – Laurie falou, para meu constrangimento, avaliando-o com uma expressão divertida no rosto.

Em minhas recentes conversas com João, nossa amizade havia obscurecido minha preocupação inicial de que ele pudesse ser o apóstolo João.

Comecei a falar alguma coisa, mas João me cortou.

– As aparências enganam. – Ele sorriu e deu uma piscadela. – Eu adoraria ficar conversando mais um pouco, mas tenho que ir ver umas pessoas antes que o jogo acabe. Espero que tenhamos tempo para conversar uma próxima vez, Laurie.

– Oh, não vá embora! Tenho tantas coisas para lhe perguntar – disse Laurie.

– Outra hora, prometo – ele falou, enquanto a multidão irrompia em brados novamente. Vi outro atacante azul marcar mais um *touchdown*. Uma rápida olhadela no placar mostrou que perdíamos de 24 a 10, faltando somente um minuto para terminar a partida.

– Você não odeia esse *quarterback*? – Laurie perguntou, balançando a cabeça.

– Não mais – eu respondi.

Ela me olhou surpresa.

– Quem é você? – disse, olhando-me nos olhos.

Quando nos viramos para falar de novo com João, ele já se fora. Ficamos ambos observando a multidão para tentar descobrir que caminho ele tinha tomado, mas não conseguimos localizá-lo.

8

MENTIRAS INSUSTENTÁVEIS

Eu não tinha a menor ideia do que fazer com a informação que acabara de receber. Finalmente alguém me dera notícias do meu ex-pastor, mas eu não sabia que atitude adotar. Se tivesse tomado conhecimento um ano antes do que estava sabendo agora, não teria a menor dúvida.

Tudo aconteceu num encontro casual no shopping. Eu tinha ido lá comprar um presente de aniversário para Laurie e estava comendo alguma coisa rapidamente antes de ir a um encontro marcado. Mantinha o rosto enterrado numa revista da semana anterior, e meu cheeseburger descansava sobre a mesa situada no centro da praça de alimentação. Quando virei a página, percebi uma mulher de vestido vermelho brilhante de pé, diante da minha mesa. Olhando para cima, dei com um rosto familiar que não via há algum tempo.

– Posso lhe falar um instante? – Diane perguntou, a respiração acelerada e olhando em torno como se a polícia estivesse apertando o cerco.

– É claro, sente-se – murmurei de boca cheia, empurrando minhas coisas para abrir lugar na mesa estreita. Ela se sentou cautelosamente, e não pude deixar de reparar como era bonita. Os cabelos compridos, pretos, caíam-lhe pelos ombros, emoldurando um rosto harmonioso, iluminado por olhos azuis muito vivos. Mas a testa franzida, os lábios apertados e a fisionomia fechada me diziam que nem tudo ia bem. Eu a conhecera como uma moça exuberante, atraente, que viera a Kingston para cursar a faculdade. Pouco depois da formatura casou-se com um homem que começou logo a maltratá-la. Ela finalmente se divorciou dele, mas nossa amizade se manteve ao longo de todo o conturbado processo. Isso ocorrera há quase três anos. Depois ela sumira completamente de vista.

– Você está bem? – perguntei.

– Tenho tentado viver sem grandes expectativas, mas não tem sido fácil. Vim aqui para ter notícias suas. Como vai? Fiquei sabendo o que Jim fez e tenho andado muito preocupada com você e Laurie. Como estão?

– Diane, obrigado pelo seu interesse. Ele significa para mim mais do que você possa imaginar. Não tem sido fácil, de jeito nenhum. Passei maus pedaços, voltei a trabalhar com imóveis e sentimos falta de muita gente. Algumas pessoas ainda nos evitam em público, outras passam adiante boatos horríveis sobre nós.

Diane observou o shopping mais uma vez, sempre mexendo nos cabelos, nervosa. Após um silêncio embaraçoso, debruçou-se e disse quase sussurrando:

– Talvez eu não devesse lhe contar isso. Fico muito constrangida e jurei que jamais falaria com alguém. – Mordeu o lábio e fixou os olhos em algum ponto além de mim, como se procurasse as palavras certas. – É o pastor Jim... – Ela lutou para conter o soluço que já se formara em sua garganta. – Existe uma coisa que você não sabe... – Sua voz foi sumindo.

Eu segurei sua mão, que descansava sobre a mesa.

– Está tudo bem, Diane. Você não precisa me contar, se não se sente à vontade.

– Ele se aproveitou de mim. – Ela deixou escapar num ímpeto enquanto procurava controlar os soluços.

Eu não fazia ideia do que ela estava querendo dizer e, enquanto buscava algo para falar, Diane se recobrou e prosseguiu:

– Eu tenho hesitado muito em lhe contar isso, mas quando o vi aqui hoje, sozinho, tive certeza de que precisava fazê-lo.

Com palavras medidas, contou que tivera um caso de três meses com Jim. Durante o divórcio, e durante quase um ano depois, ela ficou hospedada na casa de Jim e da mulher dele. No fim do período que passou lá, ela e o pastor se envolveram. Ele disse que estava pensando em se separar da mulher. Diane ainda estava profundamente abalada e alternava entre culpar a si mesma e a ele pelo que acontecera.

– Eu não podia ter ficado ali. Era tentação demais para ele, sobretudo com os problemas que vinha tendo com a mulher. Os dois brigavam o tempo todo. Certa manhã acordei com a certeza de que aquela não era a pessoa que eu queria ser e me mudei daquela casa. – As lágrimas rolavam por seu rosto.

Eu me recostei na cadeira, sem saber o que dizer. Pensei numa conversa que tivera com Jim quando Diane parou de frequentar a congregação depois de ter-se mudado da casa dele. Perguntei o que havia acontecido, e ele desconversou, dizendo:

– Ela achou que se sentiria melhor em uma congregação mais jovem. – Fiquei surpreso ao ouvir aquilo, porque sabia da amizade estreita que havia entre os dois.

Diane fez menção de se levantar da mesa.

– Nunca contei isso a ninguém e negarei se você contar, mas achei que precisava saber.

Diane se levantou, e eu também.

– Espere – implorei quando ela se virou. – Lamento tanto por você. Há algo que eu possa...?

– Por favor, nem tente – ela disse, erguendo as mãos num gesto de defesa, a voz embargada. – Tenho que ir, me desculpe.

Saiu apressada, e eu a chamei, tentando segui-la, sob os olhares curiosos das pessoas mais próximas. Sorri meio sem jeito e voltei a me sentar, pensativo. Desde minha saída da igreja eu sempre me perguntava como minha relação com Jim podia ter mudado tão abruptamente. Mas a história de Diane não me trouxe alegria. Perdi até o apetite, e aos poucos fui sendo invadido por uma raiva intensa. Afinal, quem mentia a meu respeito estava vivendo uma mentira.

Quando levantei para ir embora, me vi buscando a figura familiar de João pelo shopping. Eu não o encontrara mais desde o jogo de futebol americano, quase quatro meses antes, e pensava nele com enorme gratidão por todas as coisas que me ajudara a descobrir. Essa notícia me fazia querer conversar novamente com ele. Lembrei-me de que João me perguntara, certa vez, o que eu achava que Jim poderia estar escondendo. Na época eu não fazia ideia.

Comecei a me sentir frustrado por não dispor de um meio de entrar em contato com ele. João nunca me deu seu número de telefone ou um endereço eletrônico. Fui andando até o estacionamento para pegar meu carro. Ao passar pela fonte, bem no meio do shopping, eu o vi. Estava sentado num banco, brincando com uma criancinha em seu colo e conversando com um rapaz. Balancei a cabeça e sorri. João sempre dava a impressão de estar à vontade em qualquer ambiente.

Quando me aproximei, o rapaz se levantou, apertou a mão de João, pegou o filho e o colocou num carrinho. O garotinho se virou para acenar com a mão em despedida, e quando João retribuiu com um sorriso, eu já estava aboletado ao seu lado. Ele se virou, aparentemente surpreso por me ver. Em seguida abriu um sorriso e passou o braço em torno do meu ombro.

– Jake! Que bom encontrá-lo!

– Não acredito que você esteja aqui – falei. – Eu estava pensando em você neste exato momento. – E, apontando para o pai que se afastava com o filho, perguntei: – São seus amigos?

– Agora devem ser. Eu o encontrei aqui no banco esperando pela mulher. Tivemos uma conversa muito agradável enquanto brincávamos com Jason. Ele acha que não conhece Deus, mas isso é só porque ainda não reconheceu a mão divina em sua vida. Mas essa é uma outra história. Como vai indo, Jake?

– Você não vai acreditar no que acabei de ouvir.

– Sobre o quê?

– Lembra-se de ter me perguntado uma vez o que meu ex-pastor estaria escondendo quando se afastou de mim? Bom, eu descobri que há uns dois anos ele teve um caso com uma mulher da igreja que ficou hospedada na casa dele.

O sorriso de João se transformou numa expressão de pesar que tomou conta de sua fisionomia. Enquanto as lágrimas brotavam de seus olhos, ouvi-o suspirar e dizer baixinho:

– Oh, Deus, perdoe-nos.

Por que eu me sentia tão empolgado com algo que provocava nele um sofrimento tão evidente?

– Está certo disso? – João quis saber.

– A mulher acabou de me contar faz poucos minutos. Disse que achava que eu devia saber.

– Como é que ela estava?

– Não parecia bem, mas não fez muitos rodeios para falar. Sumiu assim que acabou de me contar.

Dava para ver o sofrimento nos olhos de João. Após um silêncio constrangedor, ele finalmente falou:

– O que você vai fazer a respeito?

– Não sei. É por isso que queria tanto conversar com você. Tenho certeza de que Jim precisa ser confrontado. Pelo menos eu me sentirei vingado.

– Como é que isso vai fazer você se vingar?

– Vou provar que ele é uma fraude. Todo mundo vai ficar sabendo.

– Tem certeza de que quer mesmo fazer isso? – Seus olhos estavam banhados de lágrimas.

– Não, não quero – falei, menos sinceramente do que esperava demonstrar. – Mas alguém deveria, não é?

– Não cabe a você decidir pelos outros. Eu perguntei se *você* de fato quer fazer isso.

– Mas ninguém mais sabe, João, exceto a mulher. E acho que ela não vai fazer coisa alguma.

João se calou de novo por algum tempo.

– O que você acha que eu deveria fazer? – finalmente perguntei.

– Não posso lhe dizer o que fazer, Jake, nem acho que você saiba o que é melhor. Pergunte ao Pai o que Ele o faria fazer. Mas não fique cantando vitória.

– Espero não ter dado essa impressão – falei.

João sacudiu os ombros.

– Quem se importa com impressões? Só tem importância o que é.

– Mas eu gostaria que esse sistema falido fosse visto tal como é, João. Jim fez mal a mim, àquela mulher e às pessoas que vão lá, e permanece impune.

– Ninguém fica impune, Jake. Ele vem pagando por seus erros de uma forma que você não é capaz de imaginar. Não se esqueça de que o pecado em si é sempre o próprio castigo, porque o diminui como o homem que Deus quer que ele seja e destrói os outros à sua volta, mesmo que não saibam por quê. As pessoas já sentem o vazio e a luta dele.

– Mas Jim não deve ser denunciado por aquilo que fez? Quero que as pessoas vejam a verdade.

– Será que elas já não estão vendo, Jake? Afinal, ele é quem é, e não quem finge ser.

– Mas não é o que parece. As pessoas acham que ele é um homem de Deus.

– É essa a questão, não é? Quando a gente não está feliz com a realidade, sempre se preocupa com a aparência das coisas.

– Não penso assim, João. – A raiva em minha voz surpreendeu até a mim mesmo. Ele estava tentando tirar das minhas mãos a melhor arma que eu já tivera em um ano. – Ele só precisa ser visto como a pessoa que é.

– E isso já não aconteceu? Ele traiu uma amizade para se proteger e mentiu a toda uma congregação para desmoralizar você. Será que a arrogância já não se manifesta claramente na vida dele? Por que para vocês, ligados a uma religião, a falta mais grave é a de ordem sexual?

Tenho que admitir que ele me surpreendeu neste ponto. Eu sempre considerei a questão sexual pior do que qualquer outra. Depois de um silêncio de estupefação, repliquei com os dentes trincados:

– Bom, isso me parece óbvio.

– Não se aborreça comigo, não tenho nada a ver com isso.

– Desculpe, João. Só estou um pouco frustrado pela maneira como você está reagindo. Achei que essa revelação poderia ajudar a trazer as pessoas para o nosso lado.

– Qual lado?

– Você sabe! O daqueles que se opõem ao falso sistema da religião organizada e se comprometem a seguir o modelo das igrejas comunitárias do Novo Testamento.

– Esse não me parece ser o lado em que eu quero estar. Alguma vez você me ouviu falar assim?

Eu estava quase fora de mim com o jeito como João estava conduzindo aquela conversa.

– Foi você quem me ajudou a ver as falhas da religião organizada.

– Uma coisa é ver como as coisas são, outra absolutamente diferente é ser contra elas. Esse é o jogo, e eu não estou jogando. Acho realmente que os fiéis devem aprender a caminhar juntos em autêntica fraternidade, mas nós nem começamos a falar sobre como isso deve acontecer.

– Isso acontece sempre nas igrejas institucionais: homens como Jim, que se fingem de líderes, mas mentem e devoram os demais. Estou cansado disso, João!

– Nem todo mundo é uma fraude, Jake. Não são todos os grupos que se tornam destrutivos como o de vocês. As pessoas que tratam os líderes como se eles possuíssem uma unção especial são as que correm mais risco de serem enganadas por eles. Parece que as pessoas que são investidas de maior autoridade se esquecem de dizer não aos próprios apetites e desejos. Os líderes acabam muitas vezes servindo a si mesmos, achando que estão servindo aos outros só pelo fato de manterem uma instituição funcionando. Porém nem todos os que fazem isso se tornam tão fracos. Muitos são servidores autênticos que, apesar de só desejarem ajudar os demais, foram levados a crer que esse é o melhor modo de fazê-lo. O erro do sistema deve sempre ser separado dos corações das pessoas que pertencem a ele. – Fez a pausa de sempre, solidária com a minha dificuldade em compreender a novidade desses conceitos. – No fim, todo sistema humano desumaniza as pessoas a quem procura servir, e a maioria dessas pessoas que o sistema desumaniza são as que pensam que o lideram. Mas nem todo mundo se deixa dominar pelas prioridades do sistema. Muitos vivem na vida do Pai e ajudam generosamente os outros quando Ele lhes dá oportunidade.

– Nada disso me interessa, João. Só quero ver o erro de Jim exposto ao mundo. – Pude sentir meu rosto ficar vermelho de raiva e meus punhos se cerrarem.

– Por que está tão zangado, Jake?

Por fim me recostei no banco, soltei um suspiro profundo e consegui liberar boa parte da minha ansiedade. Eu não queria brigar com João. Queria ouvir o que ele tinha a dizer. Minhas palavras seguintes saíram menos defensivas e bem mais racionais.

– Não estou entendendo aonde você quer chegar.

– Eu também não sei. Sua reação me parece desproporcional ao que estamos conversando. Fico tentando descobrir o que o está deixando tão frustrado.

Pensei por um instante.

– A única coisa que achei que estava fazendo direito era não me deixar tiranizar pelas opiniões alheias. Nas últimas semanas não tenho sentido aquela vergonha entranhada que costumava experimentar sempre que cruzava com gente da minha antiga congregação. Isso tem me deixado feliz.

– Com toda a razão – João disse com um sorriso.

– Mas agora você virou tudo contra mim, achando que eu só estou querendo me vingar de Jim.

Ele se inclinou e passou o braço pelo meu ombro.

– Jake, não é verdade. Acredite em mim, eu sei como isso é penoso para você. Acho que você está superando tudo de uma forma extraordinária. Só não quero que torne as coisas ainda mais difíceis para si mesmo.

– Acho que estou lutando em muitas áreas, João. Tenho fracassado no ramo imobiliário. Na semana passada perdi, no último minuto, um ótimo negócio que me deixaria bem pelos próximos anos. Mal me sustento a cada mês, e nunca estou seguro de como será o seguinte. Tinha esperança de que minha vida estaria muito mais estabilizada agora.

– Talvez você esteja buscando estabilidade nos lugares errados, Jake.

Foi com raiva que perguntei:

– O que você quer dizer com isso?

– Jake, você aprendeu a medir a estabilidade pelas circunstâncias de momento e pela capacidade de ver como as coisas estarão indo nos meses à frente.

– E isso é errado?

– Eu não diria que é errado. Só digo que essa atitude não vai ajudá-lo a caminhar nesse reino. Quando você olha para o futuro, não está escutando o Pai. Quando nos empenhamos para assegurar o que chamamos de estabilidade, acabamos nos privando da liberdade de simplesmente segui-Lo hoje. Recorremos à nossa própria sabedoria, em vez de obedecer à Dele. A maior liberdade que Deus pode lhe dar é de confiar na capacidade que Ele tem de cuidar de você diariamente.

– É aí que eu me sinto confuso, João. Tenho o bastante para o dia de hoje, dinheiro suficiente para atender às nossas necessidades, amigos suficientes para me encorajar a prosseguir e fé suficiente em Deus para suportar os boatos alheios. É quando olho mais para a frente que me preocupo.

– Todos nós já passamos por isso, Jake, e é claro que eu compreendo. Mas é porque ainda não conseguimos ver o que Deus fará. Só vemos o que *nós* podemos fazer. Você acha que denunciar o caso de Jim resolverá tudo, quando, na realidade, não resolverá nada. As pessoas que não conseguem perceber a arrogância dele não se deixarão convencer. E, se ele foi infiel, continuará mentindo e negando.

– Não tinha pensado nisso. Mas não me agrada nem um pouco que as pessoas continuem achando-o tão bom e tão íntegro.

– Mas elas apenas acham que ele é. Trata-se de uma ilusão, e, por mais que as ilusões possam ser poderosas, continuam sendo ilusões.

– Mas muita gente vive dessas ilusões.

– Somente quem quer, Jake. Eu não quero que você viva de ilusões. Você é mostrado como o bandido da história, quando sabe que não é. Você parece estar à beira da ruína financeira, mas não está. Nunca permita que meras aparências se transformem na sua realidade.

– Mas eu quero que os outros saibam da verdade, João. Por que eles têm que seguir acreditando em suas ilusões?

– Ninguém deseja crer numa mentira. Mas as pessoas ficam presas a ela. Você possui uma informação que pode ajudá-lo a saber melhor o que de fato está acontecendo. Deixe que Deus lhe mostre o que fazer com ela. Mas não pense que deixá-la vazar é o que Ele deseja, sobretudo quando você é o único que se beneficiará com isso.

– Mas as pessoas não deveriam tomar conhecimento?

– Se o Pai quiser, elas saberão.

– Mas eu sou o único que sabe, tirando os dois que têm todos os motivos para esconder.

– Sim, é isso mesmo que parece, Jake.

– Mas, se nós não quisermos, Deus não pode. Pelo menos foi isso o que eu sempre ouvi dizer.

João deu uma risada divertida.

– Essa é a maior mentira que escutei hoje.

– É?

– É! Deus tem inúmeras formas de fazer o que deseja fazer!

– Mas nós não fazemos parte disso, João?

– Fazemos, mas não somos a principal. Só precisamos fazer o que Deus coloca em nossos corações para que façamos, e duvidar da capacidade Dele de agir independentemente de nós não é o melhor modo de escutá-Lo. A grande mentira deste universo perdido é que não podemos confiar em Deus e que devemos cuidar de nós mesmos. Foi essa a mentira que fisgou Eva. A serpente a convenceu de que não deveria crer no que Deus dizia, porque Ele tinha motivos escusos. Por não confiar Nele, ela fez o que achou melhor para si própria. Mas o tiro saiu pela culatra, não foi? Sempre sai, Jake. Nossos piores momentos resultam de querermos agarrar para nós aquilo que o Pai não nos deu. Temos que viver no poder Dele, não no nosso. Lembre-se do que dizem as Escrituras a esse respeito: "E Deus é capaz de fazer com que toda a graça recaia em abundância sobre você, assim como sobre todas as coisas, em todos os tempos; tendo tudo de que necessita, você terá boas ações em abundância." "Agora para Ele, que é capaz de fazer incomensuravelmente mais do que tudo o que nós pedimos ou imaginamos, segundo Seu poder que está agindo em nós..." "Eu conheço Aquele em quem acredito e estou convencido de que Ele é capaz de guardar o que confiei a Ele hoje." "E, portanto, Ele é capaz de salvar completamente aqueles que chegam até Deus por meio Dele, porque Ele sempre vive para interceder por eles." E Ele "é capaz de impedir sua queda e de apresentá-lo perante Sua gloriosa presença sem pecado e com grande alegria". Perde-se uma enorme energia pensando que temos que fazer tais coisas por nós mesmos. Nossas maiores confusões surgem quando tentamos fazer para Deus algo que estamos convencidos de que Ele não pode fazer por Si mesmo.

– Então o que é que eu faço? Fico aqui sentado esperando por Deus?

– Quem falou em ficar sentado? Aprender a viver confiando no Pai é a parte mais difícil dessa jornada. Fazemos muitas coisas motivados pela desconfiança de que Deus não está trabalhando por nós, porque não temos ideia das ações que a fé é capaz de gerar. Confiar não faz de ninguém um parasita acomodado. Confie, Jake, e você se verá fazendo mais do que jamais fez, não aquela atividade frenética das pessoas desesperadas, mas a simples obediência de um filho querido. Isso é tudo o que o Pai deseja.

– O mesmo vale para a congregação, João?

– É até pior. Quando o grupo de fiéis age motivado mais por seus temores do que por sua confiança no Pai, os resultados são desastrosos. Eles confundirão o próprio planejamento com o saber de Deus. Como a identidade deles depende da aprovação dos outros, nunca irão questioná-la, mesmo quando as consequências dolorosas de seus atos se tornarem evidentes.

– Isso é assustador, João.

– Venho observando isso faz muitos, muitos anos. Já vi o nome de Deus ligado aos mais incríveis absurdos.

– E isso não o deixa furioso?

– Costumava deixar, eu admito. Mas finalmente compreendi que Ele é maior do que qualquer coisa que possamos fazer para sujar Seu nome. O projeto de Deus prevalecerá sobre as maiores falhas da humanidade cometidas em Seu nome.

– O que isso tem a ver com a congregação? Você se lembra da última vez que o vi, quando falamos da igreja comunitária que eu estava ajudando a fundar?

– Lembro, e como vai indo?

– Começou a todo vapor, mas foi perdendo o embalo. As pessoas só comparecem quando é conveniente e ficam esperando que alguém faça tudo por elas. Perdemos muito tempo olhando uns para os outros, tentando pensar no que devemos fazer em seguida. As pessoas simplesmente não se comprometem nem um pouco para fazer a coisa andar.

– Se é preciso comprometer-se, vocês não estarão sentindo falta de alguma coisa?

– O que, por exemplo? – provoquei.

– Não sei. Presença de Deus, quem sabe? Pode ser uma série de coisas, mas, se vocês não descobrirem, tudo o que fizerem juntos não estará celebrando a realidade de Deus, será apenas uma tentativa de substituí-la. E nada que se proponha a substituir Deus é suficiente, jamais o será. É por isso que obrigamos as pessoas a se reunirem, em vez de equipá-las para viver Nele. Eu acredito que quando as pessoas descobrirem o que significa viver no Pai não terão necessidade de compromisso para se manterem ligadas. Ele bastará.

– Mas não é com o grupo que aprendemos a confiar Nele?

– Na verdade, é o contrário. A confiança não flui da vida em comunidade, flui dentro dela!

– Mas e se as pessoas não souberem como confiar?

– Com certeza podemos nos ajudar mutuamente a aumentar nossa confiança, mas esse aumento é o pré-requisito para partilhar a vida juntos, e não seu fruto. Você se lembra do que acontecia na Centro da Cidade? Quantas decisões e quantos planos foram criados porque vocês tinham medo de que as pessoas não viessem, não crescessem, não dessem dinheiro ou ficassem perdidas?

– Talvez 90% – respondi. – A maior parte das nossas discussões era gerada pela preocupação de que alguém cometesse um erro, prejudicando-se ou comprometendo a congregação.

– Isso quer dizer que 90% do que vocês fizeram foi baseado no medo, e não na confiança. E contaminaram os outros membros da igreja com essa mesma insegurança para mantê-los envolvidos. Vocês só poderão formar uma comunidade quando as pessoas aumentarem a confiança em Deus e deixarem de viver no medo.

Eu havia me esquecido completamente do meu compromisso.

– Preciso correr, João. Tenho um encontro marcado com um cliente no escritório e já estou atrasado. Mas quero me aprofundar mais nessa história. Tem algum número em que eu possa encontrá-lo?

– Não tenho nenhum número para lhe dar, Jake. Estou sempre de lá para cá, não posso ter telefone fixo.

– E-mail?

– Não, lamento! – Ele sacudiu os ombros.

– Você quer que eu confie no Pai até para isso?

– Ele tem se saído muito bem até agora, não tem? – João falou, piscando o olho.

Eu sorri, vendo-me obrigado a concordar.

– Então por que não deixamos as coisas como estão?

– Mas eu adoraria que você viesse assistir a uma reunião da nossa igreja em minha casa. Contei a eles sobre algumas das nossas conversas, e todos gostariam muito de conhecê-lo.

– Eu adoraria ir alguma vez. Quando é que vocês se reúnem?

– Em geral nas noites de domingo. Você poderia vir esta semana?

– Não, não estarei na cidade no fim de semana. Deixe-me resolver e depois telefono – João respondeu.

Dei-lhe meu cartão.

– Desculpe ter que sair assim correndo. Mas, por favor, ligue. – Ouvi-o dizer que ligaria enquanto me dirigia para o estacionamento.

Nesse momento um brilho vermelho me cegou os olhos. Era Diane saindo de uma loja, de braço dado com um homem que empurrava um carrinho. O mesmo homem que eu vira mais cedo conversando com João. Ela sorria, olhando-o nos olhos, apertando seu braço, e eu fiquei ali me perguntando qual a razão de tudo o que tinha acabado de acontecer.

9

UMA CAIXA, NÃO IMPORTA O NOME

– Quer dizer que você acha realmente que esse tal João é um dos discípulos originais? – Ben perguntou, reclinando-se no sofá.

– Quem lhe disse isso? – indaguei, retornando da janela e olhando de novo para a sala.

Ben voltou-se para Laurie, que me sorriu.

– Era o que você achava.

– Agora soa um tanto ou quanto absurdo, não é mesmo? – Ben olhou para mim com um sorriso galhofeiro.

Quando eu estava na Centro da Cidade, nós dois tínhamos coordenado um grupo que se reunia em casa. Depois que fui demitido, ele me procurou propondo que criássemos uma igreja comunitária. Era um provocador de bom caráter, e eu dera bastante munição para seu espírito gozador.

– Eu sei, mas você tinha que estar lá quando eu o encontrei. Foi meio estranho. Depois, pensei em Jesus dizendo a Pedro que Ele não devia se comparar a João, mesmo se lhe fosse permitido viver até que Ele, Jesus, voltasse. Então eu somei dois mais dois...

– E deu 17 – completou Ben, explodindo numa gargalhada junto com os demais na sala. Éramos umas 20 pessoas esperando João chegar. Algumas estavam sentadas na sala da frente, enquanto outras se entretinham na cozinha ou levavam pratos para o quintal, onde eram colocadas as iguarias que cada um trazia. João me ligara três dias antes dizendo que estaria na cidade e perguntando se poderia visitar nosso grupo.

– O que você pensa dele atualmente?

– Para ser honesto, isso já não tem importância. Seja ele quem for, estou convencido de que conhece o Pai que eu quero conhecer e segue o Jesus que eu quero seguir. Ele tem me ajudado a viver as coisas que vêm ardendo em meu coração há anos.

Esse grupo já sabia das minhas conversas com João, pois eu as relatava sempre que estávamos juntos. A perspectiva de encontrá-lo deixava-os empolgados, e eu me sentia um pouco preocupado com a possibilidade de que não ficassem tão impressionados com ele quanto eu estava.

– Mas acho que é melhor não mencionarmos essas coisas – sugeri. – Ele está trazendo outras pessoas, e eu não gostaria de deixá-lo sem jeito.

– Quem é que ele está trazendo? – quis saber a mulher de Ben, Marsha. Afinal, estávamos na casa deles.

– Ele não contou, e eu achei que seria bom receber mais participantes.

O barulho de uma porta de carro batendo atraiu meus olhos para a rua.

– Chegou – eu disse. – E parece que tem um casal jovem com ele. Estão tirando um bebê do banco de trás.

– Não há nenhuma outra criança aqui – falou Marsha com ar de desaprovação. – Devíamos ter deixado as crianças virem. – Não contratamos uma babá para esta noite e nem me passou pela cabeça dizer isso a João.

A notícia de sua chegada logo se espalhou, fazendo com que mais gente fosse entrando pela porta da frente. João me acenou pela janela. Olhei e vi atrás dele Diane e o homem que estava com ela no shopping. Por que ele os trouxera?

Ben abriu a porta e, antes que eu chegasse perto, João estendeu a mão.

– Sou João e este é um casal de amigos: Jeremias e sua mulher, Diane, com o filhinho deles, Jason.

– Sou Ben e esta é minha mulher, Marsha. Estávamos ansiosos para conhecê-lo. – Quando eles entraram, os outros foram se apresentando.

Diane me olhou quando me aproximei.

– Espero que não estejamos incomodando. Jeremias e eu temos passado por maus momentos desde que nos falamos. João achou que gostaríamos de vir.

– Fico feliz que tenham vindo – falei, embora estivesse sentindo justamente o contrário. – Eu me senti muito mal quando você saiu correndo.

– Eu sei. Tive aquele impulso repentino quando o vi ali e depois me senti uma idiota. Enquanto eu falava com você, Jeremias encontrou João. Ele se tornou nosso amigo, tem me ajudado a superar certas coisas e nos mostrou que Deus é maior do que os erros das pessoas.

Marsha nos conduziu para o lado de fora da casa, onde havia outras pessoas esperando.

Ao nos reunirmos em torno da mesa repleta de comida, falei:

– Quero lhes apresentar o João. Já falei bastante dele com vocês, mas faço questão de dizer quanto sou grato a Deus por ter posto este homem na minha vida. Temos uma relação meio esquisita, já que ele aparece e some sem controle algum da minha parte, mas João de fato tem me ajudado muito. – Em seguida, virando-me para ele, acrescentei: – Pensamos em conversar enquanto comemos. O que acha, João?

– Isso me lembra uma outra ceia. – João sorriu. – Antes, porém, quero que todos conheçam Jeremias, Diane e o pequeno Jason – ele disse, apontando para os três. – Eu os encontrei pela primeira vez há poucos meses, e eles voltaram a seguir Jesus. Queriam conhecer outras pessoas nessa jornada.

Ben fez uma oração de agradecimento a Deus. Então nos levantamos e começamos a nos servir. Eu me pus ao lado de João.

– Tem certeza de que foi uma boa ideia trazer Diane? – cochichei-lhe ao ouvido.

– Por que não? Achei que vocês poderiam dar-lhes uma boa ajuda.

– Agradeço a intenção, mas a presença dela me traz muitas lembranças do passado.

– E isso é ruim?

– Não sei. De certa forma, perturba minha concentração.

João sorriu.

– Não se trata de você, Jake. Não se proteja à custa de outra pessoa. Assim vai tirar de Jesus a oportunidade de fazer algo maravilhoso em vocês dois. – Empurrou-me suavemente em direção à fila da comida, e notei que éramos os últimos.

Depois que fiz meu prato, encaminhei-me para as quatro mesas compridas que formavam um grande retângulo, de modo a podermos conversar mais facilmente. Vi Laurie sentada com Jeremias e Diane. Suspirei, pensando que a noite ia ser longa, e acenei para que João viesse se juntar a nós.

As apresentações prosseguiam, com as pessoas querendo obter mais informações a respeito de João. Nascido no estrangeiro, ele morava no norte da Califórnia, mas estava sempre viajando. Fora casado, mas ele e a esposa nunca puderam ter filhos, e agora era viúvo. Quando alguém perguntou qual era a sua ocupação, ele respondeu que fazia uma infinidade de coisas, mas que atualmente dedicava a maior parte do tempo a ajudar as pessoas a se aproximarem de Jesus. Ele também quis saber mais detalhes sobre a vida dos presentes e assim, enquanto comíamos, foi descobrindo muita coisa sobre eles.

Jason foi ficando irrequieto no colo de Diane, impedindo-a de comer. Então João se levantou, pediu para ficar um pouco com a criança e retornou à sua cadeira com Jason aninhado nos braços. O menino se acomodou e deixou-se entreter pelos movimentos que João passou a fazer com uma colher.

Diane desculpou-se por ter trazido o filho, e Marsha explicou-lhe que, apesar de evitarem a presença das crianças para poderem conversar em paz, Jason era muito bem-vindo.

João sorriu e falou:

– Não estou convencido de que é necessário excluir as crianças. Jesus não achava. Gostava quando as traziam até Ele e impedia que os outros as afastassem. Se não estamos preparados para acolher os pequeninos com toda a sua fragilidade, provavelmente não estaremos preparados para acolher uns aos outros nas nossas fraquezas.

– Então o que deveríamos fazer com as crianças? – Ben perguntou. – Esse tem sido um grande problema por aqui.

– Sua família se reuniu na última Páscoa?

– Sim. Fizemos um festão aqui com nossos parentes, umas 50 pessoas ou mais.

– Quando planejou a festa, alguém perguntou o que deveriam fazer com as crianças?

– Não – Ben deu um risinho. – Elas fazem parte da família.

– Por que seria diferente na família do Pai?

Ben hesitou, e Marsha veio em seu socorro.

– Porque estamos tentando fazer uma reunião, e as crianças se aborrecem. Acho que devíamos planejar alguma coisa para elas também.

– Então talvez eu não devesse ter insistido tanto para nos reunirmos – João falou, sempre brincando com Jason. – Sintam-se como uma família e deixem que as crianças façam parte dela, assim como acontece nas festas familiares. Incluam-nas sempre que puderem, mesmo quando estiverem envolvidos em coisas que elas consideram menos interessantes.

– Mas são muitas para controlar. É difícil fazer com que alguém se ocupe delas porque ninguém quer perder a reunião.

– Quem foi que falou em controlá-las? Basta amá-las. Incluam as crianças como partes representativas da família sempre que puderem. Deixem-me perguntar-lhes: vocês costumam fazer as refeições todos juntos?

– Quase sempre. Achamos que é partilhar da Mesa do Senhor.

– E vocês têm uma mesa só para as crianças?

Eu sentia que aquilo não ia acabar bem, mas os outros não tinham ideia de como era diferente a maneira de pensar de João.

– Claro. Todo mundo tem, não é mesmo?

– Bem, na verdade, não. Comer todos juntos é uma das coisas mais simples que as famílias podem fazer. Se vocês se separam, vão perder algo extraordinário. Conversem, misturem as famílias. Sentem-se ao lado de uma criança que não conhecem e observem como ela se comporta. Do que gosta? Como vai indo na escola? Ou peguem algum brinquedo para distrair uma criança pequena. – Sorriu, divertido. – E, quando estiverem todos reunidos, ponham no colo uma criança qualquer e procurem entretê-la. Vocês conseguem perceber que a melhor maneira de ajudar uma criança a se inserir em uma cultura é estabelecer uma relação atenciosa entre ela e os adultos que não são seus parentes? O melhor presente que vocês podem dar aos filhos dos outros é o mesmo que podem dar uns aos outros: o presente da amizade. E, quando as crianças saírem para brincar juntas, deixem que um casal as acompanhe. Será uma oportunidade que vocês terão de construir relacionamentos com uma parte significativa do seu grupo, sejam crianças que mal sabem andar, sejam adolescentes.

– Mas, se elas não frequentarem uma escola dominical, como serão educadas na religião? – perguntou Marsha.

Antes que João pudesse responder, Laurie se adiantou e abriu os braços, oferecendo-se para pegar Jason.

– Você já não ficou bastante tempo com ele? – ela disse.

João beijou a testa de Jason e sorriu, entregando-o a Laurie. Só então pegou o garfo.

– Quantos anos têm seus filhos, Marsha?

– Dez, sete e três.

João pegou um garfo e o levantou.

– Vocês se lembram de como ensinaram seus filhos a usar um garfo?

– Não exatamente...

– Mas imagino que todos eles o usam. Vocês os mandaram para uma escola que ensinasse a usar garfos? Fizeram para eles uma apresentação sobre a fabricação e o uso de um garfo?

As pessoas riram.

– Parece uma bobagem, não é? Mas, enquanto pensarmos na vida em Cristo como um conhecimento a ser adquirido, em vez de viver Nele, cometeremos todo tipo de bobagens. Seus filhos aprenderam a usar um garfo naturalmente. Quando atingem determinada idade, vocês provavelmente colocam o garfo em suas mãos, cuidando para que não se machuquem. Ajudam-nos a levar a comida à boca e, quando se sentem mais seguros, deixam que eles façam isso sozinhos. Abraçar a vida de Jesus tem muito mais a ver com ensinar a usar um garfo do que com frequentar reuniões. As crianças aprenderão a verdade à medida que vocês as ajudarem a vivê-la.

Fiquei surpreso quando Roary tomou a palavra, pois ele era um dos mais calados do nosso grupo.

– Estou adorando o que você está dizendo sobre as crianças. Nunca tinha pensado dessa forma. Mas você está falando sobre uma coisa bem maior do que isso, certo?

– Tem razão, Roary. O que estou dizendo também vai afetar a forma como vocês se tratam. Se desejam de fato aprender a partilhar juntos a vida de Jesus, será mais fácil pensar nisso menos como uma reunião a que comparecem e mais como uma família que amam.

– Gostei disso. Temos nos concentrado mais nas nossas relações do que em nossas atividades – disse Ben.

– Exatamente – respondeu João. – E concentrem-se mais na relação com Deus. Ele é a primeira relação. Tudo o que há de precioso em suas vidas juntos virá de suas vidas Nele.

– Acho que é por isso que queremos tanto que essa igreja dê certo – prosseguiu Ben. – Nós todos desperdiçamos muitos anos na igreja institucionalizada e não encontramos a vida de Deus que desejávamos.

– E a encontraram aqui? – quis saber João.

– Ainda não, mas estamos nos esforçando para isso.

– Falem-me sobre a vida de vocês juntos.

– Bem, nós nos reunimos aos domingos à noite, geralmente ceamos, comungamos e em seguida fazemos uma oração antes de começar os estudos.

– Deixem-me adivinhar como é – disse João, inclinando-se na cadeira. – Assim que vocês se encontram há um clima de muita energia e emoção. Mas na hora em que a reunião começa de fato as coisas ficam meio esquisitas. Mesmo a partilha parece um tanto forçada e artificial. Quando a reunião finalmente termina, a energia e a emoção iniciais voltam, mas aí as pessoas se levantam e vão embora. Não é mais ou menos assim?

– Jake já andou nos dedurando, não foi? – Marvin deu uma risada.

Eu ergui a mão, balançando a cabeça para deixar claro que não tinha dito nada. Marvin fora pastor de outra igreja da cidade e tinha se decepcionado com a quantidade de energia despendida para administrar a engrenagem. Ele ingressara no ministério para se aproximar da vida das pessoas e tinha acabado como principal dirigente de uma instituição de que não gostava. Pedira demissão três anos antes, e nós fomos nos aproximando.

– Nem precisava. – João sorriu. – Infelizmente é isso o que acontece com a maioria dos grupos.

– Para ser franco, eu geralmente fico tenso quando a reunião começa e sempre me alegro quando ela termina – Marvin disse.

– Quem sente a mesma coisa? – perguntei, e todos assentiram com a cabeça.

– Enquanto continuarmos a ver a vida da Igreja como uma série de reuniões, sentiremos falta de maior profundidade. A verdade é que as Escrituras nos contam muito pouco sobre como se reuniam os primeiros cristãos. Por outro lado, elas nos falam bastante sobre como eles partilhavam suas vidas. Não viam a Igreja como uma instituição, mas sim como uma família vivendo sob o Pai.

– Você está sugerindo acabar com as reuniões? – perguntou Marsha, parecendo irritada.

– Não, Marsha, você não compreendeu. O problema não é vocês se reunirem. Estou dizendo que as pessoas se entusiasmam facilmente por um modelo de reunião artificial e contraproducente. É por isso que parece tão estranho para vocês.

– Sim, mas os grupos de oração se revezam, assim como as pessoas que fazem as palestras todas as semanas. Isso não ajuda?

– Pode ser. Mas acaba sendo uma réplica diferente da mesma dinâmica. Cada um procura extrair de seus irmãos e irmãs o que não encontra no próprio Pai. E essa receita é desastrosa. Nada do que nós, como fiéis, possamos fazer juntos substituirá nossa própria relação com Deus. Quando concebemos a Igreja dessa forma, nós a transformamos em um ídolo, e as pessoas sempre acabarão nos desapontando.

– É por isso que Jake diz que você é contra as igrejas que se reúnem em casa? – Marvin interveio mais uma vez.

– Não me lembro de ter dito isso – falou João, voltando-se para mim com ar de interrogação. – Eu não penso dessa forma. Mas tentei fazer com que Jake refletisse um pouco mais e gostaria que vocês fizessem o mesmo.

– Nós entendemos que a igreja que se reúne em casa é mais parecida com as comunidades primitivas. Oferece mais participação e é menos controlada pelo clero. Requer menos tempo e recursos, é mais baseada nas relações entre seus membros e menos institucional. Não é verdade?

– Só porque se reúne em uma residência? – O ar cético de João dizia tudo. – Já conheci muitos grupos caseiros em que uns tentavam controlar os outros. Não me levem a mal. Aprecio as prioridades que vocês traçaram e estou convencido de que uma casa é o melhor lugar para satisfazê-las. Mas a questão não está no lugar, e sim na forma de relação. Vocês se prendem a jogos religiosos ou, pelo contrário, ajudam-se mutuamente a alcançar a extraordinária relação que Deus quer ter conosco?

– Não é verdade que a Igreja dos primeiros tempos se encontrava apenas nas casas, sobretudo depois que se espalhou para além de Jerusalém? – acrescentou Ben.

– Pelo que sei, sim.

– Então esse é o modelo que nós deveríamos seguir – Marsha exclamou.

– Marsha, por que você gosta tanto dessa palavra? – João perguntou com profunda ternura na voz.

– Que palavra? – Marsha perguntou, espantada.

– A mesma que João não pronunciou a noite inteira – Roary interveio. E virou-se para João: – Estou prestando muita atenção e acho que você não pronunciou a palavra "dever" esta noite. É de propósito?

– Por que você pergunta?

– A vida inteira me disseram o que eu *devia* ou não fazer, sobretudo em relação aos assuntos religiosos. Mas você nunca fala nesses termos. Parece ver tudo não como uma escolha entre certo e errado, mas simplesmente como viver numa realidade que já existe. Pensei que fosse nos dizer como deve ser a nossa igreja.

– Só há uma coisa que eu diria que "devemos" fazer: é acabar com essa história de ficar falando "devemos" para nós mesmos e para os outros.

Os risos tomaram conta da sala, e alguns olharam para seus cônjuges tentando entender o que João estava falando.

– Evidentemente existem coisas que são corretas e coisas que são erradas. Mas isso nós só saberemos quando vivermos em Jesus. Lembrem-se: Ele é a VERDADE! Ninguém jamais será capaz de seguir Seus princípios se não O estiver seguindo.

As palavras de João ficaram suspensas no ar em meio a um silêncio desconcertante. Eu podia ver as engrenagens trabalhando nos cérebros ao redor da mesa. Imaginava o que cada um estava sentindo.

Marsha finalmente falou, tentando conter as lágrimas:

– Acho que você está certo, João. A razão pela qual eu sigo as regras é porque não sei como seguir Jesus da forma como você diz. Então procuro fazer o que é correto e estou farta de ser criticada por essa gente que diz que somos do contra se não frequentamos uma dessas malditas igrejas nas manhãs de domingo.

João se inclinou para Marsha.

– Sei que não é fácil. Mas não é porque as pessoas dizem uma coisa que ela tem que ser assim. Jesus está ensinando você a viver livremente. Alguns acharão isso assustador, assim como você mesma às vezes acha. O sistema precisa destruir aquilo que não consegue controlar.

– É por isso que somos contra a instituição – disse Marvin.

– Talvez estejamos falando de duas coisas diferentes, Marvin. Estou me referindo ao sistema da obrigação religiosa, sejam quais forem as formas que ele assume para escravizar as pessoas. Mas isso não é o mesmo que ser contra a instituição. Há muita gente nas instituições que é amada pelo Pai, e Ele continuará atraindo-as para a Sua vida tal como faz com você. Enquanto você reagir ao sistema, ele o estará controlando.

Após alguns instantes, Marvin soltou um suspiro frustrado.

– Não sei, João. Sempre pensei que a instituição que abandonei não estava dando certo por ter princípios errados. Achei que nós os estivéssemos substituindo pelos princípios corretos para podermos finalmente experimentar a verdadeira vida da Igreja.

Ouviram-se murmúrios de concordância em volta da mesa. Marvin dirigiu-se a João.

– Mas você não vê desse modo...

– Não, não vejo. Acho que vocês estão descobrindo princípios melhores, princípios que refletem melhor a vida dos primeiros cristãos. Mas seguir princípios não resultou na vida comunitária que eles desenvolveram. Podemos observar o que aconteceu quando seguiram Jesus, mas copiar o que eles fizeram não produzirá o mesmo resultado. – Parou um instante antes de prosseguir. – É importante pensar nisto: Jesus não nos deixou um sistema; Ele nos deixou seu Espírito. Deixou um guia, não um mapa. Princípios não matam nossa sede. É por isso que os sistemas sempre prometem um renascimento futuro que nunca vem. Eles não têm condições de produzir vida comunitária porque são concebidos para manter as pessoas afastadas.

– Como assim?

– Isso acontece porque os princípios mantêm o foco nos cultos ou nos rituais e transformam os fiéis em espectadores. Fortalecem padrões e motivam as pessoas a se enquadrarem neles, estimulando-as a fingir que são o que não são ou a agir como se soubessem mais do que de fato sabem. Os princípios estabelecidos desestimulam questionamentos e dúvidas, e as pessoas não entendem direito aquilo que eles ocultam. Assim, o relacionamento entre elas se torna superficial e até mesmo falso, pois se baseia nas aparências ditadas pelos princípios e não no que as pessoas efetivamente são. Então, como se sentem isoladas, elas se voltam cada vez mais para as próprias necessidades e reclamam quando os outros não as atendem. Disputam o controle da instituição, seja ela grande ou pequena, para poder obrigar os outros a fazer o que elas consideram ser o melhor. É uma história que vem se repetindo há uns 2 mil anos.

Alguns olhos se voltaram na minha direção. João prosseguiu:

– Para manter o sistema funcionando, é preciso submeter as pessoas, impondo-lhes compromissos ou apelando para as necessidades dos seus egos, convencendo-as do que é o melhor, o maior, o lugar definitivo para se pertencer. É por essa razão que muitos grupos criam falsas expectativas que frustram as pessoas e se concentram nas necessidades, ou mesmo nos talentos de seus membros, e não no Cristo sempre presente.

– Posso ver essas ervas daninhas já brotando por aqui – suspirou Marvin.

– É por isso que as reuniões de vocês dão essa impressão de formalidade. Procura-se manter uma ilusão de vida na comunidade por meio de atividades planejadas que as pessoas possam realizar com um mínimo de esforço. Mas vocês têm aqui a oportunidade de descobrir o que é uma autêntica comunidade que se desenvolve quando partilhamos nossa condição comum de seres humanos falhos e quando estamos juntos na jornada que empreendemos ao sermos transformados por Jesus operando em nós. Ela floresce onde as pessoas são livres para ser exatamente quem são, nada mais, nada menos. Quando aprenderem a confiar em Jesus, não precisarão recorrer a outros para atender as próprias necessidades. Vocês perceberão que são capazes de dar suas vidas para ajudar o próximo, tal como Jesus fez.

– Isso também inclui os infiéis? Tenho lido que eles podem constituir uma ameaça à vida em comunidade – perguntou Roary.

– É incrível, você não acha? Quando damos prioridade ao "nosso", excluindo os demais, provamos que sentimos falta da realidade do amor do Pai. Quando descobrimos a força do Seu amor, não conseguimos mais restringi-lo a nós mesmos. Esse amor não só irá nos transformar, como também fluirá quase naturalmente tanto para os fiéis quanto para os que não creem. Nós refletiremos a vida e o caráter de Deus para todos à nossa volta, e quanto menos conscientes disso estivermos, melhor o faremos.

– Bom, imagino que podemos cancelar nosso plano de ir àquela conferência sobre a Igreja no mês que vem – disse Ben, com ironia.

– Não necessariamente. Apenas tratem de não comprar tudo o que estiver sendo vendido por lá. Provavelmente vocês encontrarão pessoas maravilhosas que estão saindo do sistema e que se agarram à ideia de retornar à Igreja em casa como a um porto seguro. Deus pode estar querendo que vocês encontrem essas pessoas. Mas não se esqueçam da mais singela das lições que tem sido repetida inúmeras vezes desde que Jesus esteve aqui: quanto mais organização se introduzir na vida da Igreja, menos vida ela conterá.

– Isso dá a impressão de que não deveríamos fazer coisa alguma, João. – A frustração era evidente no tom de voz de Marsha.

– Não é isso o que estou querendo dizer. Quero apenas ajudá-los a concentrar seus esforços onde darão melhores frutos. Em vez de se empenharem em construir uma igreja em casa, aprendam a se amar e a partilhar a jornada uns com os outros. Quem são aqueles que estão lhes pedindo para caminhar ao seu lado agora, e como vocês podem encorajá-los? Adoro quando irmãos e irmãs escolhem conscientemente compartilhar a vida de Deus num determinado momento. Portanto, experimentem, sim, a vida em comunidade e terão muito que aprender. Mas evitem a todo custo a tentação de torná-la artificial, exclusiva ou permanente. Não é assim que funcionam os relacionamentos.

Olhou um por um detidamente e continuou.

– A Igreja é o povo de Deus aprendendo a compartilhar a vida Nele. Quando perguntei a Ben como era a vida de vocês em comunidade, ele me falou sobre as reuniões que fazem, mas nada a respeito de suas relações. Isso me revelou algo. Vocês sabem quais são os sonhos de Roary? Ou conhecem a luta atual de Jake? Essas coisas raramente aparecem nas reuniões. Elas só podem brotar no convívio confiante e afetuoso que acontece ao longo da semana.

– Mas nós somos ocupados demais – falou a mulher de Marvin, Jenny. – Tentamos compartilhar a vida quando nos reunimos.

Eu sabia o que João iria dizer antes mesmo que ele falasse.

– E está dando certo?

– Dando certo o quê?

– Vocês têm conseguido falar de seus sonhos e suas dificuldades nas reuniões?

– Não muito, mas estamos tentando aprender.

– Queria chamar a atenção de vocês para uma coisa. Nós lemos algo descrito nas Escrituras, lhe damos um nome e achamos que estamos fazendo exatamente o mesmo quando usamos esse nome. Paulo falava sobre a Igreja que se reunia em diversas casas, mas nunca chamou isso de "igreja em casa". Casa era apenas o lugar onde os primeiros cristãos ficavam juntos. Jesus era o foco, o centro, não o lugar. Como eu disse, vocês podem ter todos os princípios corretos e ainda assim sentir a falta da glória de Deus no seu grupo.

– Agora é que a coisa complicou – Jenny falou com ironia, e todo mundo riu.

– Por que você diz isso? – quis saber João.

– Porque faz nove meses que estamos tentando ajustar as coisas, e, depois de ouvir você falar, tudo parece tão fútil. Talvez devêssemos nos contentar em retornar a alguma dessas igrejas tradicionais e tirar o melhor proveito possível. – Os protestos pela sala indicaram que a proposta não tinha grande aceitação.

– O que estou tentando fazê-los compreender é que a vida em comunidade não é algo que se possa criar. É uma dádiva que o Pai concede à medida que as pessoas se desenvolvem na vida Nele. Não é um bicho de sete cabeças. É a coisa mais natural do mundo quando as pessoas caminham com Ele. Quem der uns 20 passos junto com mais alguém nessa jornada verá que a comunhão fica fácil e enriquecedora.

– Mas é isso que estamos procurando. Achávamos que se encontrássemos a igreja certa alcançaríamos a relação com Deus que tanto buscamos – interveio Marvin.

João continuou:

– Pensem apenas que já tiveram isso anteriormente. Nenhum modelo de igreja irá produzir a vida de Deus em vocês. A coisa funciona exatamente ao contrário. Nossa vida em Deus, compartilhada, é que se expressa como Igreja. A Igreja nada mais é do que o fluxo da vida Dele transbordando em nós. Vocês podem ficar eternamente às voltas com os princípios da igreja e ainda assim nunca chegar a saber o que significa viver em profundidade no amor do Pai para poder partilhá-lo com o próximo.

– Não foi assim que eu aprendi – Laurie argumentou. – Como vamos saber viver na vida de Deus se não houver alguém para nos mostrar?

– Foi aí que a religião causou seu pior estrago. Ela tornou as pessoas dependentes de líderes e assim fez o povo de Deus ser passivo no seu próprio crescimento espiritual. Ficamos esperando que outros nos mostrem como fazer e os seguimos na esperança de que estejam agindo certo. Jesus deseja essa relação com vocês e quer que sejam parte ativa nesse processo.

– Mas podemos fazer isso sozinhos? Não precisamos de ajuda? – perguntou Marsha.

– Quem falou que vocês estão sós? Jesus é o caminho para o Pai. Quando aprenderem a se render ao Seu Espírito e a depender da Sua força, descobrirão como viver plenamente. Sim, muitas vezes Ele usará outras pessoas para incentivá-los ou capacitá-los nesse processo, mas as pessoas que Ele usar não permitirão que vocês se tornem dependentes delas. Não ousarão se colocar entre vocês e a grande alegria dessa família, uma relação crescente com o próprio Pai.

– Fez uma pausa e prosseguiu: – É disso que eu gostaria de ter falado esta noite. Muitos grupos com os quais estive continuam investindo seus esforços para descobrir o melhor modelo de igreja. Mas se em vez disso gastássemos todo esse tempo e essa energia concentrando-nos no amor do Pai, no que Jesus está fazendo em nós, e em como podemos viver mais livremente em Seu Espírito, saberíamos como amar uns aos outros. Seríamos honestos e abertos e poderíamos nos apoiar mutuamente nessa jornada. Nosso foco se voltaria para Jesus, não para nós mesmos e para nossas necessidades, e coisas maravilhosas ocorreriam.

– Mas as pessoas que só "seguem Jesus" viveriam independentemente do grupo? – quis saber Marvin.

– Você acha que isso é possível?

– Você não?

– Esse é o temor que eu ouço o tempo todo, mas não vejo assim. As pessoas que estão se desenvolvendo na relação com o Pai ficam famintas por ligações autênticas com a família Dele. Ele é o Deus da comunidade. Conhecê-Lo nos leva para o interior dessa comunidade, não apenas com o próprio Deus, mas também com aqueles que O conhecem. Isso não é obrigação nossa. É uma dádiva Dele.

– Eu tenho uma grande amiga que ficou tão magoada com suas últimas experiências de igreja que nunca mais pretende se reunir com qualquer outro grupo de cristãos – disse Laurie.

– E Deus sabe onde sua amiga está e qual a melhor forma de chegar até ela. Muitas vezes nós confundimos o meio de um capítulo com o final da história. Talvez o Pai neste momento só a esteja atraindo para Ele. Se ela é sua amiga, fique perto dela. Você pode ser o elo dessa moça com a família enquanto o Pai opera nela.

– Tenho um amigo que simplesmente não consegue encontrar alguém que deseje essa espécie de vida em comum – disse Marvin.

– O Pai sabe disso também! Certamente existem outras pessoas perto dele com fome semelhante, mas seu amigo pode ficar descansado, pois o Pai fará essas conexões. É muito mais fácil descobrir isso entregando-se alegremente à providência divina do que ficando ansioso por aquilo que não se vê. Encoraje seu amigo a apreciar o que o Pai está fazendo diariamente na vida dele e a manter os olhos abertos para o próximo. Nunca se sabe como ou quando Deus fará contato.

– Mas ele nem pensa em sair da igreja que frequenta, porque diz que vai se sentir demasiadamente culpado – Marvin contra-argumentou.

– Apenas continue amando-o! Permaneça em contato com ele o mais que puder. Divida o que Jesus está fazendo em sua vida e você o estará ajudando a viver mais perto também. Não se preocupe muito com ele. Se o Pai está operando na vida do seu amigo, ele logo se livrará desse sentimento de culpa. Não dá para dizer aonde ele irá parar depois disso.

– Quer dizer que a participação na comunidade é maior do que em um grupo? – perguntou Ben.

– Muito maior. É isso o que eu quero que vocês não esqueçam. – João olhou o relógio e virou-se para Jeremias e Diane. – Precisamos ir.

– Bom, eu odeio ter que interromper – disse Jeremias. Nós também não queríamos que ele partisse. Gostaríamos de perguntar ainda centenas de coisas a João.

– Você não interrompeu nada. Eu falei que os deixaria em casa na hora marcada.

– Você ajudou muito, João, apesar de eu achar que não compreendi bem tudo o que você disse – Ben comentou, balançando a cabeça.

– Não precisa. Se eu o estimulei a seguir Jesus um pouco mais de perto e a confiar Nele com mais liberdade, Ele se encarregará do resto. Jesus é a pedra fundamental da Igreja, que é Dele, não minha. Peçam-Lhe para pôr ordem em tudo dentro de vocês, individual e coletivamente. Ele vem fazendo isso há 2 mil anos, e é muito bom no que faz.

– Posso fazer só mais uma pergunta? – Ficamos surpresos com a desinibição de Roary.

João se virou e fez que sim com a cabeça.

– Você acredita mesmo que somos suficientemente bons para ouvir a voz de Deus todos os dias?

– Que pergunta! – João sorriu se levantando. – Claro que não, Roary. Nenhum de nós é tão bom assim. Mas acho que você está fazendo a pergunta de forma errada. Vamos reformulá-la: Jesus é grande o suficiente para chegar até você todos os dias? Você acha que Ele é grande o bastante para perdoar suas falhas, resolver suas dúvidas e lhe apontar o caminho? Essa pergunta não merece um sonoro sim como resposta? Compartilhem essa jornada todos juntos e experimentarão uma vida em comunidade mais real do que jamais sonharam.

Depois João ajudou Diane e Jeremias a juntar as coisas de Jason, antes de mergulhar num mar de abraços e acenos de despedida. Mais tarde, enquanto limpávamos tudo e recolocávamos as mesas e cadeiras na garagem, fiquei ouvindo os comentários das pessoas. A maioria estava empolgada com o que tinha escutado, embora sem ter certeza do que isso significava para nós.

– Ele falou várias coisas em que eu já tinha pensado antes – Marvin disse, balançando a cabeça. – Mas a gente sempre tem medo de estar errado.

– A religião vai fundo – respondi, sabendo perfeitamente como ele se sentia. Mas meu coração estava apertado por outro motivo. Ao me despedir de Diane, ela sussurrou ao meu ouvido que precisava de ajuda com o pastor Jim e queria falar comigo sobre isso.

10

CONFIANÇA CONQUISTADA

Que manhã!

Nada dera certo, e lá pela hora do almoço eu estava me sentindo totalmente frustrado. Tinha passado boa parte do tempo ao telefone com Diane. Cerca de um mês após a visita de João ao nosso grupo, ela fora conversar com Laurie e comigo sobre o caso que tivera com nosso ex-pastor. Estava aprendendo a controlar melhor as emoções e sentia-se preparada para enfrentá-lo. Queria saber se eu poderia ir com ela.

Minha primeira reação foi tentar ajudá-la, mesmo sabendo quanto isso poderia ser complicado para mim. Inicialmente eu não tinha a menor noção de como fazê-lo, ou se seria capaz de marcar um encontro com Jim. Mas quanto mais pensava a respeito, mais me sentia desconfortável. Algo simplesmente não parecia correto, mas eu não era capaz de identificar o quê. Falei com Diane sobre minhas dúvidas, e ela me deu um tempo para dissipá-las. Mas agora, transcorridos dois meses, ela se mostrava realmente aborrecida com o que considerava uma recusa da minha parte e me acusava de estar fugindo.

Nada do que eu disse foi capaz de dissuadi-la, e ela encerrou a ligação batendo o telefone na minha cara. Compreendi, mas mesmo assim doeu. Enquanto eu decidia o que fazer, outros dois telefonemas vieram interromper meus pensamentos. O primeiro me informava que uma importante venda de imóvel havia fracassado uma semana antes de fechar o negócio. Deixei de ganhar perto de 15 mil dólares de comissão, dos quais 5 mil eu precisava desesperadamente até o fim do mês. Sem nenhum outro negócio em vista, eu não tinha ideia do que fazer.

Pouco mais tarde um almoço de negócios foi cancelado. Eu estava quase conseguindo a exclusividade para a venda de um shopping, mas no último minuto outro agente imobiliário passou à frente. O cliente pediu desculpas, e eu lhe desejei boa sorte, apesar de ambos sabermos que eu estava longe de ser sincero.

Sentei-me durante algum tempo no escritório com a cabeça apoiada nas mãos. A manhã tinha sido um verdadeiro desastre, e eu me sentia à beira de um precipício. Não tinha a menor ideia de como as coisas iriam transcorrer, mas estava surpreso por não sentir raiva.

Resolvi voltar para casa e ver o que Laurie estava preparando para o almoço. Ao sair do escritório, vi João caminhando pela calçada na minha direção. Ele olhava para o chão e só me viu quando o chamei:

– Ei, o que você está fazendo aqui?

Ele ergueu os olhos, sorriu e me abraçou.

– Oh, olá, Jake. Eu pensei em perguntar o que você estava planejando para o almoço.

– Suponho que você estava só de passagem por essas bandas... – Pisquei, como se tivéssemos um segredo compartilhado.

– Não, na verdade eu vim vê-lo. Tenho pensado muito em você nas últimas semanas e achei que era uma boa hora para encontrá-lo.

– Você nunca avisa quando está vindo? E se eu não estivesse aqui?

– Mas está.

– Acabo de cancelar um almoço de negócios, de modo que você deu sorte. – Minha alegria por vê-lo logo superou a frustração matinal.

Sugeri um restaurante a 400 metros e fomos andando.

– Como vai indo, João? – perguntei antes que ele me perguntasse.

João me olhou um tanto surpreso com a pergunta.

– Tudo bem, Jake. Ultimamente tenho viajado mais do que gostaria, mas encontrei algumas pessoas maravilhosas que estão entendendo bem o significado de viver essa jornada.

– É só isso o que você faz?

– Não – ele respondeu dando uma risadinha –, mas é do que eu mais gosto. Sou do tipo faz-tudo, costumo andar por aí consertando coisas, mas basicamente uso isso para me aproximar das pessoas. E você, Jake? Como tem passado?

– Não sei. Ando numa fase estranha. As coisas não parecem estar se encaixando muito bem, e esta manhã foi especialmente desastrosa.

– Como?

– Diane veio nos visitar depois da reunião de grupo daquela noite. Quer que eu vá com ela enfrentar Jim sobre o caso dos dois.

– O que você lhe disse?

– Inicialmente falei que iria porque desejava ajudá-la, mas pedi um tempo para pensar melhor. Já se passaram três meses, João, e toda vez que me preparo para ligar para o Jim me dá uma sensação muito forte de que não devo fazê-lo. A verdade é que não consigo pegar o telefone. Hoje Diane ficou muito zangada. Pensa que estou com medo.

– E você está?

– Acho que não se trata bem disso, João. Com certeza não vai ser nada agradável, mas continuo acreditando que não é a hora certa, ou que existe algo que eu ainda não sei.

– É mais ou menos assim que Deus costuma operar, Jake. Se você está a fim de fazer uma coisa, mas não sente que seja a hora de agir, o melhor é esperar até que tudo fique mais claro.

– Mesmo quando tem alguém achando que você amarelou?

– Mesmo assim. Você não pode culpá-la por não ver o que você vê. Confie no trabalho Dele em você e ame o próximo, mesmo que não compreenda bem o que está acontecendo. Isso é viver na graça de Deus.

Havíamos chegado ao restaurante e eu abri a porta para João entrar. Enquanto folheávamos o cardápio, João quis saber como estava indo nossa igreja em casa.

Quando ergui os olhos para responder, dei de cara, por sobre o ombro direito de João, com alguém que fez meu coração disparar. Era Jim, meu ex-chefe e pastor da Centro da Cidade. Era todo sorrisos ao cumprimentar a proprietária do restaurante e pedir uma mesa para dois. Mas, quando ela se virou para guiá-lo, pude notar seus ombros curvados e ouvi quando soltou um profundo suspiro. Parecia ter passado a noite em claro. Ele se dirigiu a uma mesa nos fundos e imediatamente começou a ler um livro, sem sequer olhar o cardápio.

Distraído pela presença de Jim, ainda tentei responder à pergunta de João.

– Todos parecem estar indo bem individualmente, mas o grupo como um todo se dispersou depois que você esteve lá.

– E por quê?

– Em parte por causa das férias de verão, mas também acredito que as pessoas levaram a sério o que você falou e não se comprometeram mais com as reuniões. Arranjam milhões de desculpas, e ninguém parece sentir falta do grupo. Começo a me perguntar se nós não entendemos mal o que você disse. Sem assumir um compromisso, parece que não somos capazes de descobrir um meio de nos reunirmos.

– O que poderia ser um bom motivo para não fazê-lo – disse João, pousando o cardápio na mesa.

– Você acha que não tem valor algum as pessoas se reunirem quando de fato não querem?

– Quem falou em querer, Jake? O que vale para Cristo é que as pessoas se encontrem e partilhem a vida Dele. Quando isso acontece, não há necessidade de compromisso. Elas farão de tudo para estarem juntas. Caso contrário, não vale a pena assumirem o compromisso de reunir-se. Estou convencido de que a maioria desses encontros trata de tantas coisas ligadas a Deus que as pessoas perdem de vista a realidade da presença Dele.

Enquanto a garçonete anotava nossos pedidos, procurei arrumar as ideias em relação ao que ele acabara de dizer. Eu ainda mantinha um olho em Jim quando perguntei a João:

– Então você acha que os encontros para falar sobre Deus podem eliminar a presença Dele?

– Não é bem isso o que estou querendo dizer. O que eu digo é que essas reuniões podem se tornar apenas simbólicas. Só porque se reúnem, cantam algumas músicas e compartilham a leitura das Escrituras, as pessoas acham que estão vivenciando a vida da Igreja. Isso seria verdade se essas práticas tivessem um significado mais profundo. Muito frequentemente, porém, trata-se apenas de uma rotina que faz as pessoas se sentirem bem porque estão comprometidas. Mas no fundo não compartilham efetivamente da vida Dele. É por isso que não estou preocupado em comprometer as pessoas. O importante é perceber até que ponto as práticas externas manifestam autenticamente o que vai no íntimo.

– Pensando bem, não é isso o que acontece em nossas reuniões. Mais parece que somos um bando de pobres de espírito.

– Talvez sejam, ou talvez apenas tenham se cansado de tantas obrigações. Tenha paciência e deixe as pessoas se desintoxicarem por algum tempo. Aí elas poderão entender melhor. Além disso, mesmo que não venham a uma reunião, você pode tentar ser amigo delas individualmente.

– Então a disciplina não vale nada, João?

– A disciplina desempenha um grande papel quando você tem consciência do tesouro. Mas, se for uma mera substituta desse tesouro, a disciplina pode ser verdadeiramente prejudicial, porque nos deixa satisfeitos apenas por termos cumprido determinada tarefa.

– Sim, mas agora eu me sinto como um autêntico fracasso.

– Por que se sente um fracasso?

– Não sei. Talvez seja porque eu quero descobrir o que é uma verdadeira vida comunitária e não sei como fazer isso se não achamos uma maneira de estarmos juntos.

– Como é que as pessoas podem ficar distantes se descobriram a riqueza da vida comunitária?

Eu detestava quando ele invertia as coisas, como agora. Olhei-o com uma expressão entre zangada e irônica, mas João se limitou a dar de ombros, como se falasse: *O que você quer que eu diga?*

– Sabe o que é realmente esquisito, João?

– O quê?

– Eu sinto que, mais do que nunca, tenho coisas a ensinar e, no entanto, muito menos gente com quem partilhar o que aprendi.

João riu muito.

– Se eu ganhasse um dólar a cada vez que já escutei isso... – E aí pôs sua mão sobre a minha. – Não se trata de ensinar, Jake. Trata-se de viver. Aprenda a viver essa vida e não faltará gente com quem partilhá-la. Mas, se escolher ensinar, estará substituindo a vida.

Nossa comida finalmente veio, e com ela uma mudança de assunto.

– Como vai indo financeiramente, Jake?

– Está difícil. Temos conseguido chegar até o fim do mês, mas desta vez está realmente complicado. Perdi dois grandes negócios só nesta manhã. E estava contando com pelo menos um deles. Agora não sei o que fazer. Estava mesmo confiando em Deus para fechar esses negócios.

– Para você, confiar em Deus é o mesmo que ter certeza de que Ele vai fazer o que você considera o melhor?

Levei algum tempo para perceber do que ele estava falando.

– Acho que nunca tinha pensado nisso.

– Parece-me que confiar em Deus permite que Ele faça o que bem entende. Quando eu concentro essa confiança num objetivo específico, estou simplesmente tentando manipulá-Lo. Além do mais, você ainda tem uma semana, Jake. Eu não me preocuparia a respeito. Os cuidados de Deus com você não dependem desses dois negócios.

– É fácil para você dizer isso. Eu tenho quase 5 mil dólares de contas vencendo nas próximas duas semanas e nada à vista para quitá-las.

– E o que isso lhe diz?

– Que Deus de certa forma não entendeu alguma coisa, ou eu é que não entendi.

– Se não aprendermos a confiar, Jake, sempre haveremos de interpretar qualquer acontecimento partindo do nosso ponto de vista invariavelmente negativo. Tudo isso mina nossa relação com Deus. Pense no seguinte: uma noite, a caminho de casa, seu carro enguiça no meio da estrada e seu celular está com a bateria descarregada. Então você só chega em casa duas horas depois do previsto. Se Laurie confia em você, não há problema. Caso contrário, enquanto seu jantar esfria, ela vai ficando preocupada, começa a se sentir ameaçada e até imagina que você possa estar envolvido com outra pessoa. Quando afinal você chega, ela está zangada, sem que você tenha ideia do motivo. – Deixou-me pensar por um momento. – Desconfiança nos faz sentir ameaçados ou com medo e por isso passamos a hostilizar o outro ou caímos em depressão. Ganhar confiança nos permite superar com Deus nossos medos e nossas decepções na certeza de que Ele tem em mente algo além do que nós podemos imaginar.

– Bom, eu não vejo nenhuma outra forma de conseguir esse dinheiro em tão pouco tempo.

– Você só pensa naquilo que *você* pode fazer, Jake. Há milhares de formas pelas quais Deus é capaz de prover.

– Eu quero acreditar no que você diz, mas fica difícil.

– Eu sei disso, mas você tem o suficiente para o dia de hoje, não é verdade? – Fiz que sim com a cabeça, mas com a fisionomia abatida. – Isso é tudo o que nos foi prometido, Jake. Ele não prometeu resolver nossos problemas com duas semanas de antecedência, mas somente um dia de cada vez enquanto caminhamos livres Nele. E disse que poderíamos ficar satisfeitos com o que Ele provê.

– Você faz tudo parecer como se eu só precisasse viver em Deus, sem pensar em dinheiro. Conheci um monte de gente que enveredou por esse caminho e foi direto à falência.

– É mesmo? – João perguntou, debruçando-se sobre a mesa. – Pode me dar o nome de alguém?

Tentei achar um nome, mas não fui capaz.

– Você sabe muito bem, tem muita gente que tenta viver na fé e acaba mendigando.

– Então você está dizendo que sua experiência lhe ensinou que Jesus se enganou ao afirmar que devemos buscar primeiro o reino de Deus? Só porque as pessoas dizem que estão seguindo Deus, isso não significa que de fato estejam. Elas muitas vezes usam o nome de Deus em seu próprio benefício.

Sem saber o que dizer, apenas recostei-me na cadeira e fiquei olhando para João.

– O que eu estou dizendo é que segui-Lo, tal como Ele deixou claro para você, é responsabilidade sua. Prover é a parte Dele. O melhor que você tem a fazer é não misturar as coisas.

– Mas não foi Paulo que disse que quem não trabalha não deveria comer?

– Eu não falei nada sobre não trabalhar. Estou falando de executar o trabalho que Deus lhe dá para fazer e, enquanto isso, vê-Lo prover tudo o mais. Paulo estava lidando com a preguiça e a presunção, o que não é o seu caso, Jake. Se Deus o chamou para o ramo imobiliário, faça seu trabalho com o maior empenho, e Ele proverá tudo para você. Se Ele não o chamou para esse trabalho, não o faça só por estar ansioso para achar um jeito de você mesmo se prover. Entenda que Ele pode não estar tão interessado nos seus negócios imobiliários quanto você. Existem outras pessoas a serem ajudadas nessa jornada. Talvez seja esse o desejo Dele para você.

– Como eu gostaria de ser independente financeiramente para ajudar os outros a crescer! Tenho alguns amigos que vêm me pedindo ajuda espiritual, mas estou tentando regularizar minha situação financeira para poder me dedicar a eles. Você considera isso um retrocesso?

– Não há regras para isso, Jake. Depende do que Deus está lhe pedindo.

– Mas isso parece tão irresponsável.

– Aos olhos do mundo, é. Mas, se Deus está lhe pedindo que o faça, irresponsável seria não fazê-lo.

– Acho que já nem sei mais o que deveria estar fazendo. Quero confiar assim em Deus, João, mas a vida inteira fui ensinado a garantir meu próprio sustento. Não sei fazer diferente. Como é que Deus provê as coisas para você?

– De inúmeras maneiras, Jake. Algumas vezes pelo trabalho que faço. De vez em quando alguém que eu ajudei no passado me manda presentes em nome do Pai, o que me permite empregar meu tempo em gente como você. Cada vez é diferente.

– Como seria libertador viver com essa espécie de confiança!

– É essa a confiança que Ele está construindo em você neste exato momento, e seus negócios fracassados fazem parte disso. É em momentos como este que Ele conquista nossa confiança. E evidentemente está dando certo.

– O quê? Por que você diz isso? – perguntei, longe de sentir as coisas daquela forma.

– Porque você já não está mais tão zangado quanto estava quando nos vimos pela primeira vez. Não há dúvida de que sua situação atual parece desesperadora. Mas você está apenas preocupado, e não com raiva. Isso demonstra uma evolução extraordinária.

E pela primeira vez compreendi que Deus havia mudado algo dentro de mim de forma duradoura. Eu não estava escondendo a minha raiva. Constatei que, apesar das minhas decepções, ela não se fazia mais presente.

– Obrigado, João. Eu realmente não estava conseguindo ver as coisas dessa maneira até agora.

– É assim que Deus conquista sua confiança. Ele não está lhe pedindo para fazer algo, apesar de todas as evidências em contrário. Está lhe pedindo para segui-Lo à medida que vê Sua vontade desdobrando-se em você. Quando aceitar, você verá que as palavras e os caminhos Dele lhe trarão mais segurança do que seus melhores planos ou sua sabedoria.

– Nunca percebi as coisas desse modo, João. Sempre considerei que a fé era algo que eu tinha que evocar para que Deus agisse.

– Isso não parece muito saudável, não é mesmo? Confiança crescente é o resultado de um relacionamento crescente. Quanto mais você O conhecer e entender Seus métodos, mais livre estará para viver além das influências que o prendem à sua própria sabedoria enganosa. Quando você vir a lealdade Dele permeando a sua vida nos próximos anos, saberá que pode confiar Nele profundamente. Nesse momento você encontrará a verdadeira liberdade.

– Quer dizer que não há confiança onde não há relacionamento?

– Não, não há. Muita gente confunde fé com presunção. As pessoas se deixam consumir por seus próprios planos e citam as Escrituras para provar que Deus terá que cumpri-los tal como elas os definiram. Acabam desapontadas quando Ele não o faz. Mas Deus irá usar até mesmo esse desapontamento para convidá-las à autêntica confiança, que se baseia no trabalho que Ele desenvolve nelas.

João colocou afetuosamente sua mão sobre a minha.

– Gosto de ver que você não olha o trabalho espiritual como fonte de renda, Jake. Nada distorce mais esse trabalho do que acreditar que é preciso fazer dele um meio de subsistência. Hoje em dia, muito da nossa vida em Cristo é desvirtuado por isso. Nós herdamos sistemas de vida em grupo e de liderança que vêm de pessoas que têm como objetivo garantir a própria sobrevivência, em vez de demonstrar o que é viver sob os cuidados do Pai. Quando o ministério se torna uma fonte de renda, você acaba manipulando as pessoas para servi-lo; no entanto, o amor do Pai é que deveria mover você a servi-las. Enquanto você não for livre para confiar que Deus irá provê-lo, Jake, Ele não lhe confiará Seu povo. Aprenda uma coisa, Jake. Viver na liberdade da providência divina é essencial para aquilo que Deus lhe reserva. Aprenda a viver com o que Deus põe à sua frente, e não movido por seus próprios planos e esquemas. Um dia, ajudar alguém a encontrar a liberdade e a vida em Jesus poderá ser tão útil quanto pintar uma casa ou cavar essas horríveis fossas. Ele proverá tudo o que você necessitar, embora talvez não o faça da forma como você gostaria que Ele fizesse. E isso tanto vale para os relacionamentos com os companheiros de jornada quanto para as finanças.

Estávamos terminando de comer quando notei que Jim se levantara da mesa. Para minha surpresa, ele almoçara sozinho e vinha agora em nossa direção. Fiquei aflito, torcendo no íntimo para que ele não me visse, enquanto procurava manter a naturalidade na minha conversa com João.

– Não sei o que Deus tem reservado para você, Jake. Trate apenas de dar um passo de cada vez, fazendo diariamente o que sabe fazer. No momento certo as coisas ficarão mais claras.

Quando João concluiu, Jim veio direto até a nossa mesa e me cumprimentou. Não era o mesmo Jim jovial. Parecia profundamente abatido. Eu o apresentei a João e trocamos amabilidades, até que Jim ficou sério.

– Preciso falar com você a qualquer hora dessas, Jake, se for possível. – As palavras saíam com esforço de sua garganta.

– Desculpe, Jake, tenho que dar um telefonema – João falou, levantando-se da mesa. – Por que não aproveitam a ocasião agora? – Antes que eu me desse conta, ele se foi e Jim se sentou meio sem graça. Apoiou a cabeça nas mãos e começou a respirar com dificuldade.

Eu estava invadido por um número imenso de emoções. Não sabia se lhe dava um murro ou se sentia pena. A única coisa que eu sabia é que não desejava estar ali. Por fim, Jim se controlou e ergueu o rosto, revelando olhos profundamente abalados pela angústia.

– Você deve me odiar, Jake.

– Já tivemos dias melhores – eu respondi, aparentando indiferença. Não conseguia imaginar aonde aquilo ia dar e sentia meu estômago se embrulhar.

– Venho querendo conversar com você faz tempo, mas simplesmente não tive coragem. No início, fiquei zangado por você não ter me dado apoio, e quando você foi embora muita gente se sentiu magoada.

– Escute aqui, Jim. Não temos necessidade de reavivar tudo isso. Já foi doloroso o suficiente.

– Tenho certeza de que foi. Só gostaria de dizer que sinto muito por tudo o que lhe fiz e quero que saiba que estou renunciando ao meu cargo de pastor.

– O quê? – Eu não podia acreditar.

– Ninguém sabe ainda. Hoje eu deveria almoçar com o diretor para dar a notícia. Mas ele ficou retido numa cirurgia de emergência e precisou remarcar nosso encontro. – Ele mantinha os olhos perdidos na distância. – Basta para mim, Jake. Venho caindo numa espiral depressiva desde então. Meu próprio médico disse que o estresse do ministério estava me matando.

– Mas eu achei que as coisas iam bem, Jim!

– Por fora, sim. A Centro da Cidade nunca pareceu melhor. Mas, internamente, nada disso! – Ele balançou a cabeça, sem condições de falar por um instante. – Você tem ideia do que custa manter aquela coisa viva? Sabe quantos incêndios eu apago por semana, de quantas pessoas tenho que cuidar para que tudo continue funcionando? E por dentro me sinto cada vez mais morto. Sempre que penso em você, tudo fica ainda pior. Você era um dos meus amigos mais próximos, e eu o apunhalei pelas costas para salvar minha pele. – Ele me olhou bem de frente, com os olhos cheios de lágrimas. – Estou me sentindo incrivelmente mal, Jake, e quero esclarecer tudo com você.

Eu não sabia como reagir. Sentia pena dele e ao mesmo tempo um certo prazer por ver que seus erros o estavam finalmente castigando. Não me agradava sentir prazer, mas era inevitável.

– Você, provavelmente, não sabe que meu pai faleceu – ele continuou. – Estou me mudando para cuidar dos negócios dele por uns tempos e tentar conseguir alguma ajuda para mim mesmo. Também vou recomendar que a igreja peça a você que aceite ser o pastor.

Meu coração parou.

– Estou certo de que isso causará um grande impacto – eu disse por fim, com um riso nervoso.

– Acho que você não imagina quanto é respeitado lá. Estou certo de que fará um ótimo trabalho, e eu não tenho mais ninguém para recomendar. Você estaria interessado?

– De jeito nenhum, Jim. – Fiquei surpreso com minha própria resposta. Voltar ao ministério era algo que me atraía, assim como um salário estável. Mas não esse tipo de ministério, nem esse tipo de pagamento.

– Não responda agora, Jake. Apenas pense a respeito. Mas quero que saiba quanto lamento o que fiz com você. Não foi justo. Mais do que qualquer outra pessoa, você não merecia isso. Se pudesse voltar atrás, eu o faria. Minha vida virou uma confusão de que você não faz ideia, e estou apenas tentando sobreviver. Esse foi meu erro. Deveria ter desistido há muito tempo.

Eu não sabia o que dizer. Esforçava-me para perdoá-lo, mas não tinha certeza de querer fazê-lo assim tão rapidamente. Ninguém havia me magoado tanto, e eu não me sentia pronto para apagar tudo com um mero "Eu o perdoo".

– Não quero que você se decida agora, Jake, e sei que temos ainda muito sobre o que conversar antes de entrarmos num acordo. Mas gostaria muito que você aceitasse. – Em seguida ele tirou do bolso do paletó um envelope e me entregou. Tinha meu nome impresso na frente com o logotipo e o endereço da Centro da Cidade no canto.

– O que é isso? – eu quis saber.

– Não pense que é um presente. Na verdade, trata-se do dinheiro a que você tem direito pelo encerramento do contrato de trabalho. O conselho passou boa parte do mês passado discutindo a sua saída, e a maioria dos membros considerou que nós fomos injustos com você. São 10 mil dólares, Jake. Você merece mais, porém essa quantia talvez possa reparar um pouco a injustiça que você sofreu. Dentro tem também uma carta de desculpas do conselho. Eu ia entregar no seu escritório depois do almoço, mas quando o vi aqui...

Uma parte minha queria devolver o envelope para me sentir superior, mas a outra parte sabia quanto eu precisava daquele dinheiro.

– Não sei se devo aceitar isto, Jim.

– Aceite. Você tem direito! Talvez ele abra uma porta para a cura.

Balancei a cabeça concordando e pus o envelope ao meu lado. Então senti que devia tocar em outro assunto.

– Jim, eu andei querendo ligar para você.

– É mesmo? Por quê?

– Tenho estado em contato com Diane, e ela queria que eu marcasse um encontro entre nós três.

Seus olhos se arregalaram, evidenciando medo.

– Você sabe do que se trata? – ele perguntou, com os olhos inquirindo os meus.

Fiz que sim com a cabeça e inexplicavelmente vieram-me lágrimas aos olhos. A cabeça de Jim pendeu e o silêncio se instalou entre nós por um bom tempo. Nenhum sabia o que dizer. Finalmente, após umas duas tentativas, Jim falou:

– Foi a pior coisa que eu já fiz na vida, Jake, e tinha esperanças de que ninguém tomasse conhecimento. – Ele soltou um profundo suspiro e fixou os olhos na mesa por um instante, brincando com o garfo de João. – Mas não vou fugir. Tenho que enfrentar isso. – Ele abriu o celular e examinou a agenda. – Que tal amanhã às 16h30? Acha que está bem?

– Vou falar com ela e lhe dou um retorno, Jim.

– Por favor. Agora eu preciso correr, Jake, mas quero que as coisas fiquem bem resolvidas entre nós. E faça bom uso do dinheiro – disse, apontando para o envelope. – De qualquer modo, nós não faríamos mesmo um uso melhor dele.

Concordei com a cabeça enquanto Jim se levantava da cadeira de João. Curvando-se, ele sussurrou:

– E pense bem no seu retorno como pastor. Algo me diz que você é hoje uma pessoa totalmente diferente daquela que conheci, e a nossa igreja certamente se beneficiará da sua ajuda. – E, com isso, ele se foi.

Continuei ali, olhando pela janela, completamente incapaz de formar um pensamento coerente. Num determinado momento senti a mão de João sobre o meu ombro.

– Jake, preciso ir.

Pagamos a despesa e eu recolhi minhas coisas.

– Como foi com Jim? – ele perguntou.

– Ainda estou em estado de choque. Ele me pediu desculpas, marcou um encontro nosso com Diane e me deu 10 mil dólares que o conselho da igreja mandou a título de indenização trabalhista.

– Uau! Quanto tempo eu estive fora? – disse rindo João.

– Estou de queixo caído com todas as coisas que aconteceram nesta última hora. Como Deus pôde arranjar tudo isso?

– E sem nossa ajuda. – João me deu um tapinha no ombro. – Não espere que tudo se acomode sempre tão rapidamente quanto desta vez, Jake. Mas certamente parece que Deus respondeu a algumas das suas preocupações, não é mesmo?

– Jim também está deixando de ser pastor, João, e perguntou se eu não queria substituí-lo.

– E você vai aceitar?

– Não vejo como... – Dei de ombros enquanto João ria, e então fomos caminhando rumo à luz fulgurante da tarde ensolarada.

11

DECOLANDO

A última coisa que pensei ter visto, antes que meus olhos ardentes se cerrassem, foi Laurie vindo em minha direção com uma expressão de êxtase absoluto. Era uma expressão que eu não via em seu rosto com muita frequência, sobretudo num dia como aquele.

Eu mal podia esperar para abrir de novo os olhos e ver se aquilo era mesmo real, mas uma lufada de vento lançou uma nuvem de fumaça bem dentro dos meus olhos e eles começaram a lacrimejar fortemente. Fiz uma careta, esperando que o incômodo passasse, e fiquei escutando o chiado do frango na grelha da churrasqueira à minha frente e os risos e as conversas das mais de 40 pessoas que superlotavam nosso quintal. Senti a mão de Laurie em meu ombro e seu sussurro no meu ouvido.

– Você não imagina com quem eu estava conversando! – Seu tom de voz era provocativo, e ela parecia totalmente relaxada, apesar de nossa casa estar cheia de gente querendo comer.

– Por onde você andava? – perguntei, piscando os olhos num esforço para ver com mais clareza. – O frango vai ficar pronto daqui a uns 20 minutos e os acompanhamentos nem começaram a ser preparados.

– Relaxe. – Ela abriu um largo sorriso. – Estamos aqui para nos divertir, não para montar uma linha de produção. – O sorriso maroto me dizia que ela sabia que não estava no seu natural. – Vamos, adivinhe! Você nunca vai adivinhar quem está aqui!

– Não sei. Sua irmã? – Era a pessoa de quem Laurie mais gostava no mundo, mas as duas raramente se viam.

– Não – disse Laurie, encolhendo os ombros diante daquela ideia. – Até que seria divertido. É o João.

João? No primeiro momento não consegui imaginar de que João ela estava falando. Mas a expressão debochada de minha mulher me fez finalmente descobrir.

– Você está brincando! Cadê ele? – perguntei. Fazia quase um ano desde a última vez que nos víramos, e eu já tinha desistido de encontrá-lo novamente.

– Ele foi passar uma água no rosto – Laurie respondeu. – Falou que ficaria para comer alguma coisa conosco.

– Por que você não me chamou?

– Bem que eu tentei, mas ele falou que você parecia muito ocupado e que ele queria me ajudar com a salada e o molho. Tivemos uma ótima conversa, querido. Ele me fez sentir como se fôssemos velhos conhecidos e como se eu pudesse lhe contar ou perguntar o que quisesse. Na verdade, ele me ajudou a entender certas coisas que me deixaram magoada nesse processo todo. Mal posso esperar para lhe contar tudo.

– E eu para escutar...

– Fico me perguntando se a sua primeira impressão a respeito dele não estaria correta...

– Agora é você que está pensando que ele é o apóstolo João? Por que acha isso?

– Não sei... Há alguma coisa nele, uma profundidade... E quando fala com a gente transmite a sensação de que realmente se importa com cada pessoa. Nunca encontrei alguém assim. Diz as coisas mais estranhas. À primeira vista, coisas incrivelmente simples, mas que logo, em outro nível, desafiam nossas crenças religiosas e nos fazem ver os fatos de uma forma completamente nova.

– Eu tentei dizer isso para você...

– Eu sei, mas nunca imaginei que fosse algo tão... – ela procurou o termo adequado – libertador. Você ainda acredita que ele pode ser *o* João?

– Por que não pergunta a ele? – provoquei, sabendo que Laurie jamais o faria.

– Eu me sentiria uma boba – ela falou bem no momento em que João apareceu.

– Você está aí! – João exclamou, passando pela porta em direção ao local do churrasco.

– Ouvi dizer que você é um ótimo ajudante na cozinha – falei, agarrando-o pelo pescoço e puxando-o para um abraço. – Que bom vê-lo!

– Que bom ver vocês! Estão dando uma senhora festa hoje, não é?

– Não pretendíamos. Íamos convidar apenas alguns amigos, mas perdemos o controle e as pessoas começaram a perguntar se podiam vir. – Corremos os olhos pelo quintal observando o animado jogo de vôlei no lado esquerdo do terreno, uma entusiástica plateia de empolgados espectadores assistindo, uma piscina povoada por felizes nadadores, grupinhos conversando à sombra das árvores. Sobre uma mesa de pingue-pongue havia comida e, debaixo dela, caixas de isopor cheias de refrigerantes, além de um ou dois recipientes com sorvete caseiro.

– Que beleza! Vocês têm certeza de que eu não vou estragar o clima?

– Claro que vai, mas nós adoramos ter você aqui. Faz tanto tempo que até andei me perguntando se o veria novamente.

– Na realidade eu vim à cidade para visitar umas pessoas que estão passando por maus momentos na igreja que frequentam, porque uma política congregacional as tem excluído. Mas o Pai está fazendo algo maravilhoso nelas. Disseram que conhecem vocês, e prometi lhes dar o número do telefone delas – disse João, tirando um pedaço de papel do bolso. – Falei que pediria a vocês para ligar.

– Nós adoraríamos – Laurie exclamou, pegando o papel da mão dele e entrando em casa.

– Então, como vão as coisas, Jake?

– É uma aventura, João, pode ter certeza. Temos vivido incríveis altos e baixos desde a última vez que nos vimos.

– Ah, quer dizer então que você aceitou aquele cargo de pastor!

Eu havia esquecido aquilo tudo, e a lembrança me fez soltar uma boa gargalhada.

– Isso mesmo!

– E por que não? Salário fixo, um emprego seguro, reconhecimento pessoal. Não eram essas as coisas que tinham importância para você quando nos encontramos pela primeira vez?

Uau! Isso foi há tanto tempo! Comecei a relembrar aqueles quatro anos desde que conhecera João. Em certos aspectos parecia muito mais tempo.

– Que loucura, João. Eu nem penso mais nessas coisas. Tenho me divertido tanto organizando essa vida em Jesus e ajudando outras pessoas que não me preocupo com o que os outros pensam, nem com a minha carreira.

– Então o que aconteceu? – perguntou João enquanto eu virava o frango na grelha sobre a brasa.

– Não dá para resumir agora. Olhe em volta e entenderá boa parte da coisa. Deus nos proporcionou inúmeros relacionamentos, e temos encontrado gente com uma fome de Jesus como não víamos desde os primeiros tempos nessa fé. Há pessoas novas vindo conhecê-Lo e outras crescendo Nele. Hoje eu raramente converso sobre alguma coisa em que Jesus não seja de certa forma o centro.

– E você conseguiu promover o encontro entre seu antigo pastor Jim e Diane?

– Consegui, e não dá para explicar quanto me senti abençoado por isso. Foi muito tenso no começo, mas Jim não negou nada nem tentou arranjar justificativas. Estava visivelmente arrasado e pediu muitas desculpas pelo que tinha feito. Entendeu que sua esposa e o conselho da igreja precisavam saber o que acontecera. Disse que já tinha contado tudo à esposa e que os dois estavam procurando ajuda. Prometeu levar o assunto à direção, sem mencionar o nome de Diane. Também se prontificou a arcar com eventuais despesas com advogados caso ela desejasse e perguntou se havia algo mais que pudesse fazer. – Virei de novo o frango. – Diane ficou impressionada com a reação dele e se portou com gentileza. Acho que abri uma trilha de cura para ambos. Não sei o que vai acontecer, mas pude ver duas pessoas encontrarem a graça num momento de grande sofrimento.

– Fantástico! – João sorriu. Quando outras pessoas se aproximaram, rapidamente mudamos de assunto. – Então você continua no ramo imobiliário?

– Só quando me pedem uma assessoria, mas não estou investindo nesse negócio. Tenho passado a maior parte do tempo ajudando as pessoas a ajustar sua relação com Deus. Muitos grupos me pedem para compartilhar minha história, e eu me dedico a gente que se acha em momentos críticos da jornada. Sinto-me empolgado vendo Deus transformar vidas e as pessoas serem libertadas da condenação que as faz se sentirem excluídas do amor do Pai. Agora, quando leio a vida de Jesus, percebo com muito mais clareza o que Ele estava fazendo: libertando as pessoas da culpa para que pudessem abraçar o Pai. E estou experimentando também uma liberdade crescente em minha própria vida. Esse é provavelmente o maior presente que você me deu, João. Não sou mais movido pela culpa opressora de ter fracassado, nem pelas exigências desgastantes de uma moralidade escravizante. E não despejo mais essas crenças em cima dos outros.

– Isso é fabuloso!

– Nunca sequer imaginei que boa parte do que eu considerava ser trabalho espiritual não passava de manipulação da insegurança das pessoas, seja para deixá-las culpadas por fracassar ou para buscar desesperadamente a aprovação dos outros.

– Isso pode ser a religião, Jake. Um sistema que explora a culpa de seus fiéis frequentemente com a melhor das intenções e sempre com os piores resultados.

– Mas parece funcionar, ao menos externamente.

– Sim, mas funciona aprofundando a submissão escravizante. No fim, as pessoas acabam viciadas em culpa e oscilam entre a autopiedade e a autoglorificação, sem jamais alcançar a liberdade de simplesmente viver em Deus. A religião faz com que elas pensem que Ele deseja ter com elas uma relação de causa e efeito: se forem boazinhas, Ele será bom para elas. Agora entendo que é por isso que tanta gente vive afastada Dele. Visitei dois doentes terminais no mês passado, e ambos estavam obcecados pela ideia de que haviam feito alguma coisa errada para merecer a doença, embora não soubessem bem o quê. Levei bastante tempo para questionar e desmanchar suas crenças simplistas. Os dois finalmente admitiram estar com muita raiva de Deus por não tê-los curado, apesar de se sentirem culpados por tais pensamentos. – João balançou a cabeça. – A maioria nunca confessa essa raiva por medo de que algo pior possa suceder. Assim, continuam sentindo como se Deus fosse injusto com eles e nunca conseguem superar isso; mais ou menos como você no hospital naquela noite.

– Lembro-me bem disso, João. Gosto muito do jeito como Deus vem me transformando. Às vezes só tomo consciência dessa transformação quando reajo em relação a um problema de uma forma que jamais usaria antes. Estou gostando desse Jake que Ele está fazendo surgir.

– Como uma borboleta criando asas do próprio casulo. Jake, você não acha lamentável a tendência de querer impulsionar as pessoas para uma mudança espiritual, em vez de ajudá-las a confiar cada vez mais no Pai e assistir à transformação que Ele opera nelas? Ninguém pode enfiar uma lagarta num casulo de borboleta e fazê-la voar. A transformação tem que vir de dentro.

– E é muito mais desafiador acabar com a culpa e a vergonha das pessoas do que dominá-las com elas. Aí a gente compreende por que a fraternidade cristã precisa ser vendida como obrigação. Quem gosta de conviver com alguém que está sempre nos fazendo sentir culpados ou nos pressionando para atendermos às suas expectativas?

– Essa é a razão pela qual a vida em comunidade muitas vezes acaba sendo tão manipuladora e competitiva. Assim não é bem melhor? – disse João, apontando para o quintal.

Eu não tinha muita certeza do que ele queria dizer com aquilo, mas balancei a cabeça concordando.

– Até já comecei a colocar a história das nossas conversas na internet, João. Espero que você não se importe. O retorno tem sido fantástico. Pessoas do mundo inteiro se acham em jornadas parecidas, repensando suas vidas em Jesus e em suas igrejas. Cheguei à conclusão de que tem muita gente desconfiada do vazio da instituição religiosa. São inúmeras as pessoas que me dizem que a minha história reflete a delas em muitos aspectos, exceto quanto a você, claro. Um cara que desejava ansiosamente experimentar a vida em Deus chegou a ficar aborrecido por não ter encontrado você, se é que você é mesmo... – *Opa!* Achei melhor não concluir a frase.

Mas João não iria deixar aquilo passar assim tão facilmente.

– Sou mesmo o que, Jake? O que você disse a eles?

– Tenho que ser honesto. Dei a entender que você poderia ser João, o discípulo de Jesus. Você sabe que desconfio disso desde o início.

– E a que conclusão você chegou? – João me olhou com um sorriso divertido.

– Não sei. Admita que coisas incríveis vêm ocorrendo na minha vida desde que nos encontramos. Você parece ter um poder de transformação que não encontrei em mais ninguém. Eu me sinto muito mais livre. Para dizer a verdade, já não faço tanta questão de saber quem você é. Mas confesso que sou curioso. E você nunca negou...

João sorriu e ia começar a falar quando fomos interrompidos. Marvin veio e o abraçou por trás.

– Adivinhe quem é!

João se virou e deu um sorriso.

– Marvin, acertei?

– Você se lembrou! Isso é incrível. Eu o vi aqui com Jake e quis entrar na conversa. Ninguém me falou que você viria.

– Ninguém sabia. Calhou de eu estar na cidade. Você já foi pastor certa vez, não foi, Marvin?

– Não mencionarei seus pecados se você não mencionar os meus. – Marvin riu.

– Pode comentar os meus, se quiser. Isso só faz crescer minha admiração por Deus – João respondeu.

Marvin riu, sem compreender direito aquela resposta. Depois de mais alguns gracejos entre os dois, João se virou de novo para mim.

– Vejo que poucas pessoas daquele grupo anterior estão aqui. Como vai indo o grupo, Jake?

– Não sei se posso falar em "grupo", João. Depois da sua visita nós nunca mais voltamos a fazer encontros regulares. Por outro lado, estreitamos nossas relações e temos nos visto com frequência. Isso não tem me incomodado, mas às vezes fico em dúvida.

– Bom, a mim incomoda – disse Marvin.

– E por quê? – quis saber João.

– Porque não me sinto fazendo nada significativo.

– Por exemplo...

– Não sei. Essa é a parte engraçada – disse Marvin, balançando a cabeça e soltando um suspiro de frustração. – Nunca mais tive relações que considero produtivas, mas tenho visto vizinhos e colegas de trabalho abrirem suas vidas para Jesus. Fico com a impressão de estar o tempo todo cercado de gente.

– E isso não é produtivo?

– Não sei se "produtivo" é o termo correto. De algum modo, há uma certa dispersão. Alguns conhecidos meus não estão encontrando o companheirismo que eu desfruto. Parecem à deriva, sem a concentração que só uma comunidade mais definida é capaz de promover. Se nosso antigo grupo estivesse se reunindo, eu os convidaria.

– E o que isso mudaria? – perguntou João.

– Não sei. Acho que de certa maneira eles se sentiriam mais identificados com um grupo. – Marvin dava a impressão de estar aguardando uma resposta de João e, como não a obteve, prosseguiu. – Eles estão precisando de alguma coisa. – Deteve-se mais uma vez, e João continuou calado. – De identidade, imagino.

– Será que uma reunião lhes daria identidade, ou iria apenas mascarar sua falta? – perguntou João.

Continuei virando o frango na grelha, feliz por não ser o único a ser fritado dessa vez.

– Tinha esperança de que o grupo pudesse fornecer foco e motivação.

– Então para conseguir isso bastam algumas reuniões? – João insistiu.

Marvin se limitava a olhar para ele com ar confuso.

– Ajudaria, não ajudaria? – Marvin afinal deixou escapar, um tanto frustrado.

João passou o braço pelos ombros de Marvin.

– Não quero deixá-lo frustrado, mas é importante pensar bem nessas coisas. Se vocês se reúnem com o objetivo de concentrar-se em algum foco, é provável que o encontro acabe sendo mais perturbador do que útil. As pessoas comparecerão pensando que o objetivo é a reunião e em algum momento irão descobrir que não estão satisfeitas.

– Por quê? – O tom de voz estava mais suave.

– Porque o que dá motivação é conhecer o Pai. As reuniões são um substituto muito pobre para isso.

– Então basta sentar num canto sem fazer nada? – A frustração de Marvin era evidente.

– Quem falou em não fazer nada? Só estou sugerindo que não se deve fazer reunião pela reunião. Cada vez que as pessoas veem uma manifestação de Deus, alguém resolve construir um prédio ou dar início a algum movimento. Foi assim com Pedro na Transfiguração. Quando não sabia mais o que fazer, ele propôs a construção de tendas. Se você vai por esse caminho, Marvin, terá que superestimar sua capacidade para encontrar a liberdade.

– Minha o quê? – Marvin riu. – Não sei o que você quer dizer com isso.

– Quero dizer que o trabalho de erguer a igreja é Dele, não seu ou meu. Não pense que pode dar jeito nas coisas com seu próprio talento. Isso foi tentado trilhões de vezes nos últimos 2 mil anos, sempre com os mesmos resultados. É sem dúvida divertido no início, mas não dura para sempre. No fim, as pessoas se prendem à organização e acabam se esquecendo de Deus. Nós não somos suficientemente brilhantes para controlar as formas pelas quais Deus opera.

– Nem eu ia querer fazer isso – ressalvou Marvin.

– Razão pela qual estamos tendo esta conversa... – disse João, sorrindo.

– Mas o que é a igreja, João, se o grupo não se reúne regularmente?

– Não estou dizendo que o grupo não possa se reunir, Marvin. Só estou dizendo que reuniões não irão proporcionar o que vocês estão procurando. Olhe à sua volta. – João apontou para o quintal. – As pessoas não estão reunidas aqui?

– Você está chamando isto aqui de igreja, João? – Marvin estava tão surpreso quanto eu.

– Ei! Achei que era um churrasco – acrescentei.

– Não estou dizendo que a igreja está aqui. Aqui se encontram pessoas que amam Jesus. Ao longo do dia de hoje elas partilharão muito da vida Dele, estou certo disso. Jesus disse que dois ou três eram o bastante e nunca falou nada sobre ter que fazer tudo na mesma hora, no mesmo lugar, da mesma forma, semana após semana. Ele não parecia conceber a Igreja como algo que fazemos ou que frequentamos, e sim como uma realidade que vivemos diariamente. – Fez a pausa de sempre para permitir a absorção. – Vocês não percebem que já estão fazendo isso? Vivendo como o corpo de Deus, daremos forças uns aos outros dia após dia e estimularemos uns aos outros a amar mais profundamente e a viver mais solidariamente. Pode ser algo tão simples quanto promover um churrasco.

– Mesmo sem culto ou estudo da Bíblia? – perguntou Marvin.

– Estamos falando de como o Pai opera, não é? E para amar a Deus você não precisa necessariamente ir a um culto para cantar e orar, Marvin. Pode viver diariamente a vida de Jesus, o que nada mais é do que deixá-Lo demonstrar Sua realidade a partir de tudo o que você faz. É a alegria de viver no reino de Deus, vendo-O agir em você. Mas tenho certeza de que se alguém aqui quiser reunir algumas pessoas para cantar, orar ou louvar, outros irão juntar-se, e pode ser maravilhoso. Seria parecido com aquelas pessoas que estão orando ali. – João apontou para um grupo que formava um círculo no quintal, todos de mãos dadas.

– Mas não foi isso que aprendemos a chamar de "igreja".

– Claro que não! Aprendemos que as coisas não podem ser tão fáceis nem tão divertidas. Temos que trabalhar mais, sofrer mais, ser mais infelizes. Vocês não percebem que dessa forma a vida do reino de Deus vai sendo arrancada dos seus corações? – João balançou a cabeça com um suspiro. – Não seria preferível compartilhar a vida como fiéis, com alegria e apoio mútuo?

– Mas como surgirão novos fiéis, João? Não precisamos ensinar?

– E o que estamos fazendo neste momento? Estou tentando ajudá-lo a descobrir algo que o libertará de um modo que você não é capaz de imaginar. Isso não é ensinar?

– Mas nem todos estão participando. Está faltando muita gente.

– Eles podem estar perdendo esta conversa. Mas duvido que estejam perdendo o que Deus quer realizar neles hoje. Deus é muito bom nessas coisas.

– Você está dizendo que é melhor não ter reunião?

– Não se trata do que é ou não melhor. Trata-se do que é real. A Igreja tem uma infinidade de maneiras de celebrar a vida em comum. No momento, você só parece ver uma. Encarar a Igreja como uma realidade, em vez de uma atividade, lhe permitirá celebrar a Igreja seja lá qual for a maneira como ela se manifeste à sua volta. Eu não diria que essa é a melhor. Mas certamente não é a pior. Uma série de coisas extraordinárias acontecerá hoje somente pelo fato de vocês estarem juntos. – Olhou para os vários grupos de pessoas conversando. – Às vezes essa vida é muito mais bem celebrada numa conversa deste tipo. Outras, numa conversa mais ampla, e, nesse caso, uma reunião pode facilitar. Quando se vê uma coisa apenas por um ângulo, perdem-se inúmeros outros ângulos pelos quais o Pai opera. Em vez de pensar no tipo de encontro ou de grupo que deveria ser utilizado, pergunte-se o que ajudaria mais as pessoas a crescerem na vida Dele. Jake pensou em algumas coisas bem interessantes a esse respeito poucos minutos atrás.

– O quê? – eu disse, tirando o último frango da grelha, sem saber bem a que João se referia. – Não era sobre a Igreja que estávamos falando?

– Claro que sim. O núcleo da vida em comunidade é a vida de relação com o Pai, livre de culpa e vergonha. Descubram como partilhar essa vida e vocês serão o Corpo de Cristo.

Marvin ia fazer outra pergunta, mas peguei a travessa de frango e fiz um gesto pedindo que me acompanhassem até à mesa em que as pessoas estavam reunidas. Dei as boas-vindas a todos, fiz referência à presença de João e pedi que ele fizesse uma oração para nós. Ele me sorriu de volta, parou por um instante, observou a mesa e concordou com um aceno de cabeça.

– Vamos todos encher nossos copos – disse João, pegando uma pilha de copos descartáveis e passando-os adiante. Em seguida pegou uma baguete de cima da mesa e começou a dividir o pão e a distribuí-lo. – Cada um segure um pedaço.

Depois, piscando para Laurie, pegou uma jarra de suco de uva, encheu alguns copos e entregou-a a Jeremias para que servisse os demais. Quando todos estavam servidos, João ergueu o pão e os presentes acompanharam seu gesto. Ele agradeceu a Deus por tudo o que nos havia proporcionado, desde a comida na mesa até o perdão dos pecados, os bons amigos e especialmente a vida no Filho.

– Seu corpo foi torturado para que os espíritos de vocês pudessem viver.

Pensem nisso e pensem Nele enquanto comem. – E nós assim o fizemos. Depois João ergueu seu copo. – Este é o sangue da Sua aliança, que nos purifica dos pecados e renova nossos espíritos. Esta é a última refeição que Ele fez naquela noite com Seus discípulos, quando prometeu que nós a faríamos novamente no tempo que está por vir.

E, erguendo seu copo e fazendo uma breve pausa:

– Ao nosso Rei, nosso Redentor e Irmão mais velho na casa do Pai.

Os demais rapidamente se juntaram ao brinde, expressando sua gratidão a Jesus. João concluiu:

– Até o dia em que nos veremos face a face – falou, olhando para o alto. Em seguida virou-se para saudar os mais próximos, batendo seu copo no deles. Bebemos juntos em silêncio, plenos da graça de Deus e do nosso amor mútuo. Por fim o silêncio deu lugar a muitos abraços, e uma fila para a comida logo se formou.

Após nos servirmos, a conversa com João prosseguiu, com outras pessoas juntando-se a nós. Após algumas apresentações, Marvin retomou o ponto em que havíamos parado.

– Gosto da sua concepção de Igreja, João, mas será que podemos fazer isso toda semana?

– O que você acha, Jake?

– Só se for na casa de Marvin e se ele cozinhar – eu sugeri.

– É melhor não decidir já o que deve ser feito a cada semana, e, sim, pensar no que Jesus está pedindo que façam hoje. Acho muito bom vocês se preocuparem com as pessoas que sentem que estão sendo esquecidas. Mas não planejem uma rotina capaz de motivá-las. Concentrem-se naquilo que Jesus lhes pede para fazer, de modo a encorajá-las ou prepará-las. É muito simples.

– Convidá-las para jantar, por exemplo.

– É, ou então convidar algumas delas para estudar em grupo, caso esse desejo venha do coração.

– Era o que eu gostaria de fazer, mas achei que poderia parecer meio esquisito.

– E se você convidasse algumas dessas pessoas para um programa de estudos de seis semanas em sua casa sobre algum aspecto da nossa vida em Deus? Acho que muita gente iria querer se candidatar.

– E o que é que eu faço quando isso terminar?

– O que Deus o incumbir de fazer. Primeiro trate de preparar as pessoas para viver Nele e depois verá como Ele as aproxima. Não me entenda errado. Adoro quando um grupo de cristãos deseja intencionalmente se reunir em comunidade ouvindo Deus juntos, compartilhando suas vidas e seus recursos, estimulando-se, cuidando-se mutuamente e fazendo aquilo que Deus venha a lhes pedir para fazer, seja o que for. Mas não se pode promover isso com gente que não está preparada. Lembre-se: é preciso ser discípulo antes de formar uma comunidade.

Quando você aprende a seguir Jesus e ajuda outras pessoas a fazê-lo, percebe que a vida comunitária brota rapidamente ao seu redor.

– Mas como se faz isso?

– Não existe receita pronta. Sei de gente que se encontra para passear no campo e tomar café da manhã sob as árvores. Sei de famílias que se mudaram para o mesmo bairro para poderem conviver mais. Conheço igrejas em casa que são saudáveis, nas quais se compartilha de fato uma vida em comum, e conheço pessoas que se encontram em locais mais amplos. Conheço outras que fazem mutirões para construir casas para os pobres, ou que cozinham para eles, ou desenvolvem alguma outra forma criativa para possibilitar que a vida de Jesus se faça conhecida por eles. A Igreja pode tomar centenas de formas diferentes, pois o Pai é imensamente criativo. Se tentarem copiar alguma dessas formas, notarão que se torna algo vazio e sem vida depois que desaparece a motivação inicial. A Igreja floresce onde as pessoas estão voltadas para Jesus, não onde elas estão concentradas na própria igreja.

Todos tinham parado e escutavam atentamente o que João dizia.

– Esta é uma boa hora para vocês aprenderem a desfrutar Dele juntos. Se continuarem vivendo, amando e ouvindo, Jesus se encarregará de guiá-los à forma de vida eclesial que melhor se enquadra nos seus planos. Não se preocupem caso não seja algo que vocês possam apontar dizendo "Essa é a igreja". A igreja são vocês. Não receiem viver nessa realidade.

– Se a igreja pode ser algo assim tão simples, João, como é que ficam os líderes? Não temos necessidade de gente mais experiente, como os pastores?

– Para quê?

– Para haver alguém no comando, organizando as coisas para que cada pessoa saiba o que fazer. Isso não é necessário? – Marvin estava quase se descontrolando. Estremeci por dentro, certo de que ele não iria ouvir o que desejava.

– Por quê? As pessoas podem seguir outra pessoa além de Jesus? Vocês não percebem que já temos um líder? A verdadeira Igreja põe Jesus em primeiro lugar em tudo e se recusa a permitir que alguém se instale no assento Dele.

– Quer dizer que os líderes também não são importantes?

– Não da forma como vocês foram ensinados a pensar neles. As pessoas hoje em dia não são capazes de imaginar uma vida em comunidade sem associá-la a uma organização e a um líder que modele os demais com sua visão. Há os que gostam de liderar e há os que desejam desesperadamente ser liderados. Esse sistema tornou o povo de Deus tão passivo que a maioria nem é capaz de imaginar a vida sem um líder humano com quem possa se identificar. É por isso que nos perguntamos por que nossa espiritualidade fracassa tão dolorosamente. Leiam mais uma vez o Novo Testamento e verão que ele dá uma importância ínfima a algo parecido com liderança tal como a concebemos.

– Mas sempre houve os mais experientes, como os apóstolos, os pastores, os bispos, não houve?

– Houve, mas estavam longe de liderar as pessoas para que elas se enquadrassem em suas ideias. Ficavam nos bastidores, fazendo exatamente o que vocês no fundo de seus corações entendem que devem fazer, Marvin, ou seja, ajudar as pessoas a viver profundamente em Cristo para que Ele possa liderá-las! Os mais experientes e sábios não se empenham em controlar as pessoas, mas em preparar seguidores, ajudando-os a descobrir a relação autêntica com o Deus vivo. Foi por isso que Jesus nos pediu que ajudássemos as pessoas a se tornarem Seus discípulos, e foi para isso que Ele disse que iria construir a Sua Igreja. Vamos nos concentrar na nossa tarefa e deixar que Ele faça a Dele.

– Mas onde iremos encontrar esse tipo de líder hoje?

– Não procurem líderes da forma como costumam imaginá-los. Pensem em irmãos e irmãs que se acham um pouco mais à frente na jornada. Estão por toda parte, nesta cidade, neste quintal.

– Mas como saberemos quem são, se não forem designados?

– A pergunta que eu faria é: como saber se eles são de fato líderes positivos? Só porque têm um título? Vocês não estão fartos de conhecer pastores ou líderes sem a maturidade espiritual requerida para lhes oferecer a assistência devida? Jesus não nos disse que os primeiros em uma comunidade são aqueles que servem? É tão difícil identificá-los? – quis saber João.

– Acho que eu preferiria crachás – falou Marvin, e todos rimos.

Naquele exato momento, uma mãe solteira de meia-idade veio juntar-se a outras pessoas no gramado. Quando a cumprimentei com a cabeça e sorri, ela parou e me disse baixinho:

– Posso lhe pedir uma coisa, Jake?

– Claro, Christie.

– Estou preocupada com o meu carro. Ele fez um barulho estranho quando vinha para cá e eu ficaria mais tranquila se alguém pudesse ver do que se trata.

– Eu ficaria feliz em atendê-la, mas não entendo nada disso. Você conhece o Buck, aquele ali de camisa azul? – falei, apontando.

– Não muito bem, mas vou falar com ele – disse ela.

– Ele é o maior especialista em carros deste grupo. Vamos pedir-lhe para ver qual é o problema.

– Seria ótimo – disse Christie, caminhando em direção aos demais.

Quando me virei, notei que outras pessoas tinham escutado a nossa conversa e que João olhava fixamente para mim.

– Viu como é simples, Jake? – disse ele.

Nosso silêncio embaraçado comprovou que nenhum de nós entendera o que ele estava falando. João continuou:

– Por que o Jake disse a Christie para procurar o Buck?

– Porque ele é o entendido em carros – alguém falou. – Todo mundo sabe disso. É a paixão dele.

– Mas acho que Christie não sabia, e Jake simplesmente o indicou para ela. Descobrir os dons de Deus na família pode ser algo bastante simples. Jesus lhes dará a oportunidade de construir relacionamentos. À medida que os forem construindo, vocês conhecerão os dons que Ele reservou para cada um. Os dons e os talentos vão ficando muito visíveis quando nos aproximamos mais das pessoas. E quando se encontra alguém que não reconhece os dons divinos nos outros podemos ajudá-lo, apontando-os. Deve ter sido isso o que Paulo pediu que Timóteo e Tito fizessem. Eles certamente não estavam escolhendo equipes para controlar os outros. Identificavam e escolhiam aqueles que conheciam a verdade do Evangelho e que haviam sido transformados por ela.

– E isso funciona? – quis saber Marvin, balançando a cabeça.

– Melhor do que qualquer outra coisa que eu conheço – respondeu João. – Podemos confiar em Jesus para isso! Ele é muito melhor administrador da vida da Igreja do que qualquer um de nós jamais virá a ser. Vivam Nele, sigam o que Ele determinar e ficarão admirados com o que Ele realiza no meio de vocês.

– As pessoas já acham que nós somos meio esquisitos – Laurie acrescentou.

Com uma gostosa gargalhada, João se levantou e desculpou-se por ter que ir embora. O grupo lamentou, pois muitos queriam ainda perguntar-lhe outras coisas.

– Podemos repetir este encontro? – Marvin perguntou.

– Eu adoraria, mas a decisão não é minha.

– Mas há tantas perguntas que gostaríamos de fazer! – alguém apelou.

– Então perguntem a Jesus – João respondeu. – Eu poderia ficar respondendo a perguntas o dia inteiro e não faria grande diferença. A vida não pode se fixar meramente no intelecto. Precisa ir sendo descoberta ao longo da jornada. Ele esclarecerá as coisas para vocês sempre que tiverem necessidade.

Dito isso, João jogou o prato na lixeira e se encaminhou para o portão.

12

O GRANDE ENCONTRO

Muito tempo havia transcorrido desde o dia em que eu me vira num palco diante de uma plateia. Estava me sentindo estranho por ter aceito o convite e ainda mais constrangido por ter que enfrentar aquele público. Mas o pastor

Bryce, da Capela Cornerstone, tinha me pedido para falar à sua congregação sobre a minha relação de confiança crescente com o Pai.

Eu só conhecia Bryce de algumas reuniões pastorais de que tínhamos participado anos antes, e seu telefonema me pegou desprevenido. Ele me contou que ouvira certos boatos e que gostaria de me encontrar e conversar pessoalmente. Marcamos um almoço que se transformou em vários outros quando descobri que ele estava passando pelos mesmos desencantos em relação à vida em Cristo pelos quais eu passara anos antes.

Fiquei extremamente chocado. Na época em que o conheci, Bryce era um jovem pastor, e posteriormente tornou-se o pastor principal. Sua congregação crescia velozmente, integrando pessoas que vinham de duas outras grandes instituições que agonizavam depois que seus pastores, muito populares, as haviam abandonado. Um deles trocara sua congregação por outra maior e o outro se envolvera numa nuvem de escândalos. O estilo de comunicação contagiante e bem-humorado de Bryce, auxiliado por músicos excelentes, fazia da Cornerstone o local mais "quente" de encontro dos cristãos. Os cultos se expandiam numa ampla sede, e eles planejavam uma nova. Eu tinha a impressão de que Bryce devia estar rindo pelos cotovelos.

Nem tanto. No nosso primeiro encontro ele me falou que estava morrendo espiritualmente e que andava preocupado com a possibilidade de que a maior parte da sua gente estivesse da mesma forma. Sua relação com Deus estava sendo tragada pelas exigências de uma congregação em processo acelerado de expansão.

– Estou chegando à conclusão de que não há relação entre o êxito do meu trabalho na igreja e o crescimento da minha relação com Deus. Na realidade, parece que faço meus melhores sermões em meio aos meus piores fracassos. Estou começando a achar que me escondo de Deus no ministério.

Ele queria recuperar a paixão que o havia levado originalmente ao ministério, mas não sabia como. Quando compartilhava esse desejo com outras pessoas, elas lhe asseguravam que a onda de produtividade que ele estava experimentando era prova da bênção de Deus e insistiam para que ele ignorasse suas dúvidas. Isso funcionava durante algum tempo, mas sua solidão interior e a batalha contra a tentação sempre crescente acabaram por levá-lo à ira e à depressão, que ele vinha conseguindo esconder da família em casa.

Nenhum de nós dois tinha ideia do que fazer, mas ambos sabíamos que Bryce estava vivendo um momento crucial. Ele continuava afirmando que, independentemente do que isso lhe pudesse custar, ele só aceitaria uma relação autêntica com Deus. Chegou a me pedir para participar das cerimônias religiosas de fim de semana da sua congregação.

O culto terminara. Laurie e eu tínhamos acabado de nos despedir de Bryce e nos dirigíamos para o estacionamento tentando proteger os olhos do sol fulgurante da tarde. Algumas pessoas me agradeciam por ter vindo. Foi então que o vi. Era João, deixando o estacionamento com um sorriso maroto nos lábios. Nós nos abraçamos, e Laurie pulou em seu pescoço. Fiquei meio sem jeito, como se tivesse sido pego em flagrante.

– O que é que você está fazendo aqui? – perguntei. – Oh, deixe-me adivinhar. – Acrescentei num tom galhofeiro: – Você acabou de cair do céu bem neste estacionamento e aí me viu.

– Não, não é nada assim tão fantástico. Eu passei a noite com Diane e Jeremias. Folheando o jornal, vi que você estaria falando aqui e quis vê-lo. Eles me deram uma carona. Os dois estão muito bem, não estão?

– Bem é pouco. Nunca vi duas pessoas amadurecerem tão rapidamente. Está sendo muito bom para nós conviver com eles.

– Eles me contaram que até voltaram a se relacionar com Jim e a esposa dele. Gosto quando Deus consegue promover uma verdadeira reconciliação, mesmo tendo havido traição e tragédia.

– É uma bela história – Laurie interveio –, mas fico me perguntando por que eles não nos contaram que você estava chegando à cidade.

– Eles não faziam ideia. – João sorriu, e eu sabia o que isso significava.

Perguntei-lhe se gostaria de almoçar conosco, mas ele disse que não estava com tempo. Alguém de Los Angeles viria ao seu encontro dentro de poucos instantes.

– Vamos conversar aqui mesmo o máximo que pudermos – disse João, fazendo um gesto em direção a uma mesa de piquenique debaixo das árvores. Enquanto andávamos, ouvi o grasnido de gansos que voavam numa formação em V em direção ao sul.

– O que é que você está fazendo aqui? – quis saber João.

– Você me flagrou – falei, levantando as mãos, num gesto de defesa – em cumplicidade com o inimigo. É engraçado você perguntar isso. Há pouco eu estava pensando no que você acharia do fato de eu estar aqui. Certas pessoas se referem a essas instituições como se fossem a escravidão egípcia dos israelitas. Você pensa assim?

– Não exatamente – ele respondeu com um sorriso. – Então como é que isso aconteceu?

Contei sobre meu relacionamento com Bryce e falei do seu convite.

– E como você se saiu? – João perguntou.

Antes que eu pudesse responder, Laurie entrou na conversa.

– Foi maravilhoso. Uma hora ele os fazia rir e logo em seguida os fazia chorar falando sobre o que é viver no amor do Pai.

– Mas foi muito constrangedor para mim, João. Eu gostava desse tipo de ambiente, mas hoje em dia ele me parece bastante ineficaz.

– Como assim?

– Venho fazendo isso há anos, mas não tenho certeza de que ajude as pessoas a aprenderem a viver livres. Não há dúvida que é possível plantar algumas sementes, e existe sempre aquele momento especial em que a luz se faz para um ou outro. Mas a maioria logo se torna insensível. Mesmo quando ouve algo que toca fundo, a pessoa esquece assim que retorna à sua vidinha. Por outro lado, as conversas que tive com você vêm mudando minha vida. E sei que não foram somente as suas palavras, mas o momento em que as disse. Elas sempre foram pronunciadas quando eu estava me esforçando para tentar achar respostas às minhas próprias questões. Só não sei como reproduzir num sermão o que você fez comigo.

– Você não pode, claro, mas isso não significa que o que você fez hoje não tenha valido a pena. Faz muito tempo que sistemas como o dessa igreja não ajudam as pessoas a viver em profundidade na vida de Jesus ou a experimentar toda a dimensão da comunidade cristã. Mas pelo menos pode introduzi-las na realidade da existência de Deus.

– Sei que encontrei a verdade e a fome de Deus numa congregação bem parecida com esta – comentou Laurie.

– Mas ela satisfez esta sua fome, Laurie?

– Na época eu pensava que sim. Olhando para trás, acho que fiquei muito frustrada quando essa fome despertada em mim não foi satisfeita. Então achei que a culpa era minha por não estar entendendo ou me esforçando o suficiente.

– É isso o que acontece quando uma instituição procura fazer o que não tem condições de realizar. Ela oferece uma série de atividades para que as pessoas continuem a frequentá-la e acaba inconscientemente desviando a atenção da verdadeira vida espiritual. Fornece uma ilusão de espiritualidade por meio de experiências altamente elaboradas, mas não é capaz de mostrar às pessoas como é viver em Deus os desafios do cotidiano. Essa é uma das coisas mais estranhas desse cristianismo que se fecha dentro de uma caixa institucional. Quem escolheria ser criado num orfanato? Nossos corações anseiam por uma família, que é onde as crianças aprendem quem são e descobrem seu lugar no mundo. Em um orfanato sobrevive-se melhor quando se seguem suas regras. Mas não é com regras e rituais que Jesus faz a sua ligação com o Pai. Para isso você necessita de uma família, de irmãos e irmãs que possam lhe dar respostas no momento certo, sem que seja preciso esperar por uma reunião ou marcar um seminário.

– É dessa forma que você tem me ajudado tanto. Sempre esteve presente quando eu mais precisava, embora muitas vezes não tenha aparecido na hora em que eu queria. Você me ajudou a descobrir como seguir o que Deus coloca no meu coração. Isso tem me auxiliado a aprender a caminhar com Ele. Hoje eu não trocaria minha vida em Deus por nada.

– Eu também não – acrescentou Laurie. – Mas então para que servem essas instituições?

– Talvez para manter o pessoal envolvido com a religião.

João ficou sério.

– Acho que a coisa é um pouco complicada. Como você disse, o bom ensinamento pode ajudar a plantar sementes, e grupos como este são capazes de ajudar a fazer a ligação entre companheiros de jornada que Deus pode usar nos próximos anos. Mas isso tem seu preço. Com o tempo as instituições correm o risco de cometer abusos, sobretudo quando a demanda por conformismo supera o movimento de mudança. Eu sempre estimulo as pessoas a fugir quando isso acontece. Mas há algumas instituições relativamente saudáveis. A dinâmica familiar de amor e compaixão tem o poder de fazê-las encontrar um caminho em meio aos elementos institucionais, e algum tipo de vida comunitária acaba vingando. Lembram-se do começo da Centro da Cidade?

– Se me lembro! – Os olhos de Laurie pareceram se iluminar. – Não era tão mau, não é?

– Não, não era. Na verdade, nos primeiros tempos de um grupo novo o foco se concentra em Deus, e não nas necessidades institucionais. Mas isso costuma ir mudando com o tempo, à medida que as pressões financeiras e o desejo de ordem subvertem a simplicidade do compromisso de seguir Jesus. Os relacionamentos vão caindo na rotina e, quando a engrenagem emprega um excesso de energia apenas para se manter funcionando, a força dos vínculos comunitários enfraquece e tudo parece irrelevante.

– Você acha que é dessa forma que Deus conduz as coisas? – Eu tinha notado que João olhava insistentemente por sobre os meus ombros e, quando me virei, dei com Bryce parado atrás de mim.

– Há quanto tempo você está aí? – perguntei.

– Acabo de chegar. Estava indo para o carro e vi vocês sentados aqui. Então me perguntei se este não seria o famoso João.

Eu os apresentei.

– Posso ficar aqui com vocês? – Bryce perguntou. – É exatamente do que estou precisando.

– Claro – João respondeu com um sorriso.

– Jake e eu vivemos bons momentos nos últimos dois meses. Estou gostando muito do que Deus está fazendo nele – disse Bryce.

– É mesmo?

– Eu só conhecia o Jake de longe e o achava indulgente com as pessoas que não pensavam como ele. Então fiquei sabendo que ele tinha saído da Centro da Cidade e achei que havia se tornado mais uma vítima amargurada do ministério. Aí, há alguns meses, o nome dele começou a surgir nas conversas, e gostei do que ouvi. Liguei para ele e me surpreendi ao conhecê-lo melhor. Não era o mesmo Jake. Muita coisa mudara, e o que ele falou mexeu com meus mais profundos anseios.

Quanto mais eu vivo esta jornada da vida em Cristo, menos motivado me sinto para prosseguir com isso tudo. – Ele fez um gesto com as mãos abrangendo as belas instalações que resplandeciam ao sol. – Não estou me sentindo nem um pouco à vontade com esta expansão toda. Quanto mais gente nós atraímos, mais vazios parecemos ficar. Este é um ótimo lugar para quem quer se esconder e se sentir abençoado. Procuro repetir para mim mesmo que estamos fazendo coisas maravilhosas aqui, coisas que me fazem prosseguir. Mas, em meus momentos de maior sinceridade interior, questiono tudo. Tenho certeza de que me afastaria caso Deus considerasse isto aqui irrelevante, como você disse há um minuto.

– Entenda, por favor, que eu não quis dizer que você ou essas pessoas daqui não têm importância para Deus. Vocês todos têm. Usei o termo "irrelevante" para afirmar que Deus dá menos valor à instituição e coloca todo o valor nas pessoas. Ele quer que elas O conheçam e formem uma verdadeira comunidade a partir da vida com Ele.

– Quer dizer que você concorda que eu fale aqui, não é, João? – perguntei, sentindo-me mais aliviado.

– Claro que sim, Jake. Não vejo nenhum problema em ir aonde Deus vai, e Ele certamente estará aqui chamando as pessoas para se unir a Ele.

Bryce prosseguiu:

– Mas, considerando esta obra toda e o dinheiro que temos gasto aqui, nosso resultado espiritual é muito pequeno. Não tem aparecido muita gente nova desejando conhecer Deus. Os novos vieram de outras congregações que estão passando por problemas. Não conheço ninguém que esteja na jornada em que Jake se encontra, e são poucos os que compartilham a minha busca. Estamos sempre tão ocupados que não temos tempo para pensar a respeito. – A voz de Bryce ficou entrecortada, evidenciando a batalha interna que eu vira tantas vezes transparecer em seu rosto.

João estendeu o braço para cobrir a mão de Bryce com a sua.

– Não tem como ser diferente. Enquanto as pessoas estiverem em lua de mel com o programa da igreja e o considerarem o componente espiritual de suas vidas, elas não enxergarão as próprias limitações. Um programa não pode substituir a vida em Deus, e só consegue gerar uma ilusão de vida comunitária porque os membros da igreja repetem os mesmos gestos e rituais, na tentativa de preservar a instituição.

– Não sei mais o que fazer. Sinto-me dividido entre a responsabilidade de reformular a igreja e a vontade de abandoná-la. Nenhuma das duas me parece uma boa opção. Duvido que esta instituição possa vir a ser reformulada, ou, pelo menos, que eu seja capaz de fazê-lo. Quando falo das minhas dificuldades, as pessoas questionam minha liderança. E não tenho ideia de como vou viver se sair daqui.

João deixou que as palavras de Bryce ficassem suspensas no ar por um instante. Eu sabia que essa era a questão fundamental com a qual Bryce se debatia. Não tinha resposta para dar e estava morto de curiosidade para ver o que João iria dizer. Enquanto aguardávamos, notei outro bando de gansos indo se reunir aos demais no voo rumo ao sul.

– O que você deve fazer? Correr da igreja como o diabo da cruz? Ou seria melhor se houvesse gente como Jake por perto, capaz de contrabalançar as vozes daqueles que só desejam servir à máquina? – Ele me deu um sorriso. Já tivéramos essa discussão antes. Bryce chegara a me perguntar certa vez se eu consideraria a possibilidade de entrar para a sua equipe dirigente. João falou, sério: – Tem gente tentando reformar a Igreja há 2 mil anos, e o resultado é quase sempre o mesmo: um novo sistema emerge no lugar do antigo, mas acaba sendo substituído por outro igual a ele. Vocês já notaram que quem partilha a busca da vida em Deus não tem o menor entusiasmo em reformar a máquina?

– Eu notei. A maioria das pessoas cuja maturidade espiritual eu respeito mostra claramente que não deseja nos ajudar a dirigir esta igreja. Tenho ficado bastante desapontado ao constatar que elas não se aliam às nossas lideranças. Significa que temos gente em cargos de direção que não conhece Deus muito bem mas tem opiniões firmes sobre a forma como a instituição deve se organizar.

– Como é que você interpreta isso?

– Hoje vejo que talvez aqueles que eu considerava maduros não o são, porque mostram muito pouca disposição em servir os irmãos.

– Muito bem, essa é uma possibilidade. Mas talvez eles prefiram investir seu tempo servindo as pessoas em vez de ficarem participando de intermináveis reuniões de comitês.

– Eu tinha medo de que você dissesse isso – falou Bryce, deixando escapar um sorriso frustrado. – Mas assim a máquina, como vocês a chamam, fica entregue a pessoas distanciadas da vida em Deus. É impossível trabalhar com elas.

– É um problema, não? As estruturas estão quase sempre ligadas a poder, competição, controle e autoritarismo. Quem conhece a vida em Deus não tem necessidade disso.

– E, já que a igreja não contribui para o reino de Deus, fico me perguntando se vale a pena empregar meus esforços para mantê-la funcionando. Sobretudo porque ela priva minha família de um pai, já que estou o tempo todo fora de casa.

– É essa a impressão que dá?

– Não para mim, mas é o que diz minha mulher. E ela deve estar certa. Devo admitir que vivo tão imerso nas atividades daqui que nem percebo esse tipo de coisa.

– Você faria bem em escutar sua mulher, mas, sobretudo, deveria escutar Jesus. Bryce, estou com a sensação de que você está tentando tomar uma decisão sobre seu futuro baseando-se em princípios, e não na simples obediência. Jesus está pedindo que você fique ou que vá embora?

– Eu tinha esperança de que você pudesse me dar alguma luz para facilitar minha escolha.

– E privá-lo da chance de ouvir o Senhor soprar Sua vontade dentro do seu coração? – respondeu João com um belo sorriso. – Jamais. Isso é entre você e Ele. Definir seu destino junto com Jesus vai ajudar no crescimento da sua relação com Ele. Não espere por uma resposta certa ou errada vinda de fora, porque terá que condenar quem não fizer a sua escolha. Jesus pode querer que você fique mais um tempo para amar essa gente e fazer com que sua fome e sua busca os contagiem.

– Ou os frustrem – corrigiu Bryce.

– As duas coisas. – João sorriu. – Ou Ele pode querer que você se afaste para que veja como Ele cuida de você e cresça com isso. Não imagino qual seja o caminho.

– Esta é a questão. Eu também não sei. Todos os dias, dependendo das circunstâncias, hesito ferozmente.

– Seria então melhor afastar os olhos das circunstâncias e olhar somente para Jesus, pois Ele é capaz de guiá-lo enquanto aperfeiçoa os planos reservados para você.

– Não sei – disse Bryce, balançando a cabeça. – Talvez eu esteja apenas com medo de perder minha fonte de renda.

– E está? – indagou João.

– Eu não estaria sendo honesto se dissesse que não penso nessa questão. Eu me preparei para isso. E não sei se sou capaz de fazer outra coisa.

– Você ficaria surpreso com o que o Pai é capaz de pedir que você faça e como Ele pode providenciar para que seja feito. Mas basta levar-Lhe esse seu medo e pedir-Lhe para apontar o caminho.

– Já fiz isso. Mil vezes – disse Bryce, soltando um suspiro.

– Então ainda não é a hora. – Eu me surpreendi com a minha observação e pelo canto do olho vi João sorrir e balançar a cabeça, sutilmente concordando.

– O que isso quer dizer, Jake?

– Parte da jornada consiste em fazer o que Deus deixa claro para você. Se já submeteu sua dúvida a Ele, deixe que Ele resolva. Se Deus estivesse pedindo para você ir embora hoje, acho que você saberia, apesar de seus temores. Se ainda não deixou claro, aguarde. Apenas continue amando-O e seguindo-O todos os dias. Estou aprendendo a alegria de ter paz Nele, a fazer o que sei fazer e a não fazer o que não sei fazer. Esta tem sido uma das lições mais difíceis de aprender, mas certamente a mais libertadora.

– Mas eu quero uma resposta, certa ou errada. – A frustração de Bryce era visível.

– Isso é o que todos nós queremos – falei, respeitando sua frustração. – Mas a decisão é Dele, e não sua, e ficará clara quando tiver que ser.

– Apenas pergunte com quem Deus quer que você caminhe neste momento – sugeriu João. – Não procure determinar o que você quer ou o que considera ser o melhor. Siga a convicção crescente que Ele vai instalando em seu coração.

– E talvez a decisão não seja sua. Outra pessoa pode acabar decidindo por você – acrescentei.

– Deus também costuma operar dessa forma – concordou João.

– Como assim?

– Não fui eu que escolhi sair da Centro da Cidade. Fui demitido, está lembrado?

– Isso parece brincadeira. – A voz de Bryce soou sarcástica.

– Jake tem razão – João falou. – Às vezes não sabemos o que Deus quer porque ainda há histórias a serem contadas e vidas de pessoas a serem transformadas pelas nossas.

– Então trata-se mesmo de uma caminhada, dia após dia, e de deixar que Jesus determine Seu caminho em nós? – disse Bryce.

– Sim, é isso mesmo, Bryce, e quando se aprende a viver dessa maneira não se quer mais voltar atrás. Jesus é de fato muito competente em nos mostrar como fazer as coisas, especialmente quando nossa vontade de agradá-Lo não compete com o impulso de fazer o que achamos ser melhor ou mais fácil.

– Como colocar minha segurança financeira acima da minha paixão espiritual, por exemplo – Bryce murmurou mais para si mesmo do que para nós.

– Isso provavelmente é o mais difícil. – João sorriu.

– Investi tanto nisso aqui, João! Não sei se vou conseguir me afastar se souber que é isso o que Deus está pedindo.

– Tem razão, você não sabe. Vai ficar surpreso com o que fará quando o caminho a seguir ficar claro. Algum dia você poderá realizar coisas mais interessantes do que as que está fazendo aqui.

– Então o que é que eu faço nesse meio-tempo?

– Continue seguindo sua busca de Deus. Seja honesto com você mesmo sobre isso. Faça diariamente o que Ele coloca em seu coração para ser feito.

– E se isso gerar algum conflito real?

– Por exemplo...?

– Não sei. Estou sabendo que há comentários de que não estou cobrando devidamente as contribuições ou que estou deixando de pressionar as pessoas para auxiliarem no cuidado com as crianças. Quando incentivo os membros da nossa igreja a confiarem em Deus, os irmãos acham que estou negligenciando meu trabalho.

– Acredite em mim, eu sei como é – João respondeu com certo pesar na voz. – Mas siga Jesus, mesmo que isso gere conflito. Seja sempre gentil e misericordioso com todo mundo, mas nunca comprometa o que está em seu coração apenas para agradar as pessoas. Não faço ideia do que acontecerá com você, mas tudo sempre se resolve de um jeito que nenhum de nós é capaz de imaginar.

– Mas assim eu posso correr grandes riscos.

– É verdade. Mas, se escolhe segui-Lo, que alternativa tem? Ouça sua fome de Deus, Bryce. É ela que vai continuar moldando e encorajando você para realizar a vontade Dele.

– Se eu acabar saindo, devo dizer aos outros para saírem também?

– Por quê? Em que isso ajudaria?

– A salvá-los dessas armadilhas todas e a indicar-lhes algo mais autêntico.

– Indicar às pessoas o caminho para Jesus é sempre útil. Dizer-lhes para deixar a igreja raramente é. Já pensou se Jake o tivesse aconselhado a fazer isso há cinco anos?

– Eu o teria considerado um rebelde que estava tentando dividir o grupo e discordaria totalmente dele.

– Você vê? Se Jake o aconselhasse a sair, iria torná-lo mais resistente àquilo que Deus fez em você nos cinco anos seguintes.

Bryce caiu em profunda reflexão.

– Como vê, Bryce, a verdade tem sua hora. Se você contar a verdade a alguém antes de a pessoa estar preparada para ouvi-la, pode afastá-la para ainda mais longe, por mais bem-intencionado que você esteja.

– E como é que eu vou saber que a pessoa não está preparada?

– Você acha realmente que centenas de pessoas estarão preparadas ao mesmo tempo numa determinada manhã de domingo? – João sorria e Bryce o acompanhou.

– Entendi, mas... e cada pessoa isoladamente?

– Você tem que deixar Jesus lhe mostrar. Ele pode ajudá-lo a perceber quando as pessoas estão preparadas e quando é preciso recuar. Certifique-se de que você efetivamente deseja atender os melhores interesses delas, que não está se valendo dos outros para confirmar sua própria escolha, forçando-os a concordar com você. Isso nunca dá certo. Ouça atentamente as perguntas que as pessoas estão fazendo. Isso irá ajudá-lo a saber se elas desejam algo mais. Com Jake mesmo, eu joguei umas pepitas e fiquei observando o que ele iria fazer com elas. Se ele escutasse e se pedisse mais, eu lhe daria mais. Caso contrário, deixaria para lá! Estava tentando servi-lo. Não tinha necessidade de me autoafirmar.

Fiquei surpreso com a resposta de João, sem conseguir captar direito aonde ele queria chegar. Fiquei me perguntando se era por isso que Jesus usava parábolas e metáforas para transmitir Sua mensagem. Desse modo Ele ajudava as pessoas famintas pela verdade a entender, sem endurecer aquelas que não estavam preparadas. Eu precisava explorar mais isso.

– Suponho que o mais importante é que, se desejo encontrar uma forma de igreja que atenda ao que está nas Escrituras, preciso mudar esta organização ou abandoná-la.

– Ou parar de procurar.

– O quê? Você está falando sério?

– Nenhuma instituição é capaz de dar conta de tudo o que é a Igreja. Não busque mudança de formas, mas invista nos relacionamentos. O Novo Testamento certamente fala do que seria a Igreja ideal: Jesus como único foco e cabeça, a solidariedade exercida no dia a dia entre os fiéis, participação livre e um ambiente de liberdade para que as pessoas possam crescer nele.

– Como o que existe entre mim e Jake?

– E há de haver outras pessoas que Deus lhe dará à medida que O seguir – acrescentou João. – Algumas o ajudarão durante algum tempo em sua jornada, e você ajudará outras nas delas. Porém, na maior parte do tempo, vocês estarão partilhando mutuamente a vida de Jesus.

– Mas se criarmos uma estrutura para essa paixão... – A voz de Bryce foi sumindo enquanto ele tentava pensar em como concluir a frase. Finalmente a sua cabeça pendeu para um lado. – Será que estrutura e paixão se encontram em polos opostos?

– Não. Nem toda estrutura é equivocada. Estruturas simples, que facilitam o compartilhamento da vida de Jesus, podem se mostrar altamente positivas. O problema surge quando as estruturas se tornam mais importantes e chegam a substituir nossa dependência de Jesus.

– Então eu não preciso buscar a igreja perfeita ou tentar construir uma?

– Do jeito como você coloca, eu diria que não. Mas Jesus está construindo uma Igreja sem endereço fixo, que inclui todas as pessoas desta comunidade e do mundo inteiro que vivem em relação crescente com Ele. É bom que você perceba como essa Igreja se expressa diariamente nas pessoas e nos acontecimentos à sua volta. Só não procure enquadrá-la em algo que você controla. Isso não dará certo. Jesus entendia a Igreja como uma realidade, não como uma tarefa a ser executada por Seus seguidores. Ela está crescendo por toda parte. Você apenas não consegue vê-la agora porque está próximo demais para se dar conta de toda a sua beleza e imensidão.

– Como posso mudar isso?

– Só existe um modo: mantenha-se focado em Jesus. Onde Ele tem primazia, a Igreja simplesmente emerge das mais lindas formas. Ele o colocará no corpo da Igreja exatamente como deseja. E, à medida que esses relacionamentos crescerem, você irá se ver cercado por um grupo de pessoas que querem caminhar juntas numa comunidade mais planejada. Quando isso ocorre, é extraordinário, mas você tem que estar sempre focado em Jesus. Até os grupos que começam centrados Nele podem ser rapidamente tentados a se organizar, até acabar morrendo. Quando Jesus deixa de ser o alvo da busca, nossa comunhão com Seu corpo some no vazio.

– Não sei o que dizer. – O conflito interior transparecia no rosto de Bryce. – Isso vai de encontro a tudo o que me ensinaram. Fui preparado para ficar no comando. Sinto-me totalmente incapaz de viver do jeito que você está falando.

– É assim que o sistema nos controla. – João balançou a cabeça num gesto de empatia. – Apesar de acharmos que podemos fazer funcionar o sistema com nossa iniciativa e nosso esforço, essa é a razão pela qual ele não é capaz de produzir a vida pela qual você anseia. Porque essa vida só se encontra em Jesus.

– E apenas quando abdico do controle.

– Ou da ilusão de ter o controle, Bryce – eu disse. – A lição mais dura que aprendi nessa jornada é que nunca estive no controle. Só achava que estava.

João permaneceu calado e eu continuei.

– A verdadeira comunidade não é algo que fabricamos com nossos próprios meios. É uma dádiva de Deus.

– Mas isso não entra diretamente em conflito com a maior parte do que eu faço aqui?

– Entra? – perguntou João.

– É o que estou me perguntando. Sei que não manipulamos declaradamente as pessoas, mas nada do que fazemos as estimula diretamente a viver a vida em Jesus de que você fala. Discutimos muito sobre isso, mas na verdade nossos esforços estão voltados para o crescimento e o sucesso da instituição. Não estamos ensinando as pessoas a depender de Jesus de uma forma concreta, mas sim a encontrar segurança sendo parte obediente da nossa igreja.

– Talvez seja hora de viver isso de um modo diferente – sugeriu João.

Bryce ficou em silêncio por um instante.

– Começo a descobrir muitas coisas. Chamamos de "culto" cantar juntos e de "comunhão" a frequência regular à igreja. Estamos convencidos de viver em comunhão apenas porque comparecemos regularmente aos cultos, mas raramente esse é um movimento que parte do coração. Temos ensinado as pessoas a se comprometerem com nossas cerimônias religiosas e nossos programas, e chamamos isso de igreja.

– Quer elas venham ou não para conhecer verdadeiramente o Senhor – eu falei.

– É isso! Nesses últimos dois meses tenho estado mais próximo de você, Jake, do que de qualquer outra pessoa que conheci aqui em todos esses anos. Com você posso ser honesto sobre meus anseios, sem me sentir julgado. Aqui as pessoas parecem estar em busca de motivos ocultos.

– A liberdade de ser honesto e a liberdade de discordar são a chave da verdadeira amizade – disse João.

– Aqui nós temos imposto o que chamamos de comunhão como uma obrigação para os fiéis. Dizemos a eles que participem dos nossos encontros e de pelo menos um dos grupos.

Uau! Eu me lembro de ter pensado dessa mesma forma no que agora parecem muitos séculos atrás.

– Eu também já fiz isso – confessei. – Mas hoje vejo de modo diferente. Como é que uma imposição pode gerar um relacionamento autêntico, Bryce? As obrigações só são necessárias quando a experiência é deficiente ou sem vida. Quando as pessoas guiam suas vidas pela de Jesus, elas dão imenso valor a toda e qualquer oportunidade de estabelecer contato com outros irmãos e irmãs que se encontram igualmente nessa jornada. Deixa de ser algo que elas *têm* que fazer e se torna algo de que precisam essencialmente para viver.

– Tudo sempre converge para esse ponto, não é? Se estamos procurando viver em Jesus, todas as outras coisas se organizam. Caso contrário, não importa o que façamos, nunca saciaremos nossa fome.

– Com certeza. Ele é o impulso que nos une, e é a vida Nele que gera compromisso. – Enquanto eu falava, isso ia ficando cada vez mais claro. – Estou me convencendo de que a Igreja que Jesus está construindo transcende qualquer elemento humano que nós temos tentado aplicar para reproduzi-la ou contê-la.

– Você está querendo dizer que não existe um caminho que possamos percorrer, como povo de Deus, capaz de satisfazer a expectativa da Igreja do Novo Testamento?

– Oh, há um encontro que proporciona isso – disse João, com tamanha segurança que me pegou de surpresa.

– Mesmo? Eu gostaria de saber mais a respeito – falei.

Naquele exato momento outro bando de gansos ruidosos voou acima das árvores, fazendo nossos olhos se erguerem para o céu e lá se fixarem, observando a sempre mutante formação em V rumar para o sul.

– Eles sabem! – disse João com um sorriso, enquanto todos nós baixávamos novamente os olhos.

– Sabem o quê?

– Que há um encontro acontecendo. Eles todos estão indo para o sul atrás do calor. Não importa o grupo com que estejam no momento, mas sim o fato de irem na direção certa.

– Quer dizer que deveríamos todos voar para o sul? – perguntou Bryce, sem compreender o que João tentava nos dizer.

– Você pensa em encontros como assembleias a que se deve comparecer e tenta reproduzir o formato perfeito para assegurar resultados que nenhuma assembleia é capaz de assegurar. Mas ainda não entende que Jesus está sempre reunindo Seu rebanho em torno Dele. Milhares de pessoas no mundo inteiro estão descobrindo que a fome por Jesus ultrapassa em muito a fome que sentem por qualquer outra coisa. Essas pessoas sabem que qualquer substituto só faz aumentar sua inquietação. Quando descobrem Jesus, elas não só ficam mais próximas Dele a cada dia que passa como se veem lado a lado com outras pessoas que caminham igualmente na mesma direção. Os gansos voam juntos não por obrigação, mas porque isso deixa mais leve a sua carga e os conduz com mais rapidez e menos esforço para seu objetivo.

João apontou novamente o céu e nós acompanhamos seu gesto, percebendo agora pelo menos quatro bandos distintos, todos rumando para o sul.

– E todos esses bandos acabarão chegando ao mesmo lugar juntos. É isto o que Jesus sempre desejou: um único rebanho voltado para Ele, cada um ajudando a amenizar o peso dos outros que seguem na mesma direção. – Olhou serenamente para nós. – É esse o encontro. Não se trata das reuniões que vocês fazem, do lugar onde se reúnem ou de como se reúnem. Trata-se de unir seus corações para Ele. Se isso está acontecendo, você não se verá caminhando sozinho por muito tempo. Descobrirá outros indo na mesma direção, e, viajando juntos, vocês serão capazes de se ajudar mutuamente ao longo do caminho. É por isso que vocês só se frustram quando procuram pessoas que querem se reunir de determinada forma, ou que pensam como vocês a respeito de tudo. Cada pessoa que cruza o seu caminho, cristã ou não, numa igreja como esta ou fora dela, é um parceiro potencial de jornada. Amando-as na medida em que elas o permitem, vocês estarão participando do grande encontro Dele. – Fez uma pausa para acentuar o que ia dizer. – Mas o objetivo permanece o mesmo. É Ele! É sempre Ele! Não um estilo de reunião ou um programa previamente planejado. Não um salário garantido ou um futuro previsível.

Nós nos calamos, e subitamente algo se esclareceu no mais profundo do meu íntimo. Eu sabia que o que João estava dizendo era muito mais importante do que eu era capaz de compreender naquele instante. Ficamos ali sentados numa reflexão silenciosa, observando os pássaros que desapareciam no horizonte.

– Continuo sem saber o que fazer – disse Bryce, exibindo um sorriso encabulado.

– Sabe, sim – disse João, retribuindo o sorriso.

– Sei. – Bryce balançou a cabeça. – Seguir Jesus todos os dias! Por mais assustador que possa parecer, há nisso uma autêntica liberdade, não há?

– Há. E você vai se sair ainda melhor quando puder se entregar à obra Dele. Jesus não está querendo dificultar. Ele quer que você experimente o verdadeiro reino de Deus. Essa é a alegria Dele, para a qual o está conduzindo, e não uma tarefa entediante ou uma promessa vazia.

Nesse instante, o carro que levaria João para Los Angeles entrou no estacionamento. Depois que ele se foi, Bryce virou-se para mim.

– Agora entendo por que você gosta tanto dele, Jake.

– Nunca conheci ninguém como ele.

– Nem eu, Jake. Nem eu.

13

A PARTILHA FINAL

Vi sua figura familiar sentada no banco do mesmo parque em que tivemos nossa primeira conversa, quase quatro anos antes.

João tinha me ligado cedo naquele dia perguntando se eu podia me encontrar com ele por volta das 18h no lugar em que essa jornada tivera início. Dirigindo a caminho de lá, pensei em tudo o que tínhamos vivido nos últimos anos e sorri, grato por ter podido desfrutar sua sabedoria e imensa compaixão. Nosso relacionamento certamente se transformou durante esse tempo. Eu perdi aquela necessidade desesperada de crivá-lo de perguntas e aprendi a simplesmente curtir sua amizade. E que amizade! Saí de cada encontro com João sentindo que minha confiança no Pai tinha aumentado tremendamente.

Desci do carro e logo uma brisa primaveril me trouxe o suave perfume de limoeiros em flor. Ao caminhar em sua direção, vi que João conversava animadamente com um rapaz que parecia correr sem sair do lugar. Quando me aproximei, os dois trocaram um aperto de mão e um sorriso, e o atleta retomou a corrida. João levantou-se para me cumprimentar.

– Oi, Jake, obrigado por ter vindo. Queria vê-lo novamente antes de partir.

Nós nos abraçamos.

– Antes de partir? Você está sempre partindo...

– É verdade. – Ele sorriu. – Mas nem sempre para tão longe.

– É mesmo? Para onde está indo?

– Vou atravessar o oceano para visitar umas pessoas na África e acho que não devo voltar mais para estes lados. Queria estar com você ainda uma vez.

Meu coração quase parou. Não conseguia imaginar que ele deixaria de ser uma presença, mesmo inconstante, na minha vida.

– Lamento ouvir isso – falei. – Mas, se por um lado eu perco, por outro eles ganham, e tenho certeza de que serão abençoados como eu fui por tê-lo conhecido.

– Nem sempre você se sentiu assim.

Era fácil lembrar as vezes em que João me deixara frustrado. Houve um tempo em que, quanto mais eu o escutava, mais minha vida parecia piorar.

– Bom, não foi fácil no início. Você realmente me causou alguns problemas.

– Oh, eu, não. Nunca lhe disse para fazer algo. Eu simplesmente fazia uns comentários, umas perguntas e lhe dava algumas opções. As escolhas foram todas suas.

– Sei disso, mas elas nem sempre deram bons resultados.

– E como poderiam? Você tinha dois desejos, e um conflitava com o outro...

– O que quer dizer?

– Você tinha aquela fome incrível de conhecer Deus e segui-Lo. Mas também queria se sentir seguro e ser querido pelos outros. Nenhum destes dois desejos era compatível com o primeiro. O que nos dá segurança é a certeza da presença de Deus conosco, independentemente das circunstâncias de nossas vidas. E tentar fazer com que todo mundo gostasse de você o desviou da pessoa que Deus o fez para ser. Quando você passou a seguir o que Deus colocou em seu coração, o outro reino tinha que entrar em colapso. Era inevitável, mas nunca é fácil ver as pessoas passarem por isso.

– Não guardo boas lembranças daqueles dias.

– Com toda a razão, Jake! – falou João com um sorriso tranquilo.

– Eu não fazia ideia de quanto Jesus podia ser real para mim e para minha família. Não fazia ideia de quanto minha forma de pensar em como segui-lo era distorcida. Adoro o jeito como as coisas foram se ajustando. Por mais doloroso que esse processo tenha sido, posso verdadeiramente afirmar que esta é a vida que meu coração sempre andou buscando. Mesmo em meus melhores dias, eu às vezes me sentia meio vazio e frustrado por achar que deveria estar fazendo mais. Hoje não me sinto mais assim. Até nos dias mais difíceis sou agradecido por aquilo que Deus está promovendo dentro de mim para que eu consiga viver mais livremente Nele. Todas as noites Laurie e eu vamos para a cama nos sentindo imensamente gratos pela forma como Deus está operando em nós e nas pessoas com as quais Ele nos põe em contato.

– Isso é ótimo! A satisfação é um dos melhores presentes dessa jornada.

– Muito mais do que isso. Antes eu ficava completamente concentrado no que queria de Deus e em como podia fazer para que Ele satisfizesse minhas vontades. Agora quero apenas conhecê-Lo e deixar que Ele me transforme, para que eu possa refletir a Sua presença. É difícil explicar. Antes eu procurava agir como um cristão. Agora me pego fazendo e dizendo coisas que surpreendem até a mim mesmo. Deus me transformou, João, e eu não mereço crédito algum por isso.

– É assim que deve ser, Jake.

– Só lamento que tenha demorado tanto tempo para tudo isso se ajeitar.

– Tempo não é uma questão para o Pai, Jake. Ele gosta de deixar as coisas acertadas em nós, mesmo que demore um pouco. O que você aprendeu agora jamais lhe será tirado, seja lá onde Deus lhe pedir para caminhar, ou na companhia de quem for.

– Esta vida em Cristo é tudo o que Laurie e eu sempre desejamos. É incrível que não percebêssemos que não havia sombra dela nos pacotes onde esperávamos encontrá-la. Ontem tive um encontro incrível, João, que me deixou impressionado com as formas pelas quais Deus opera.

– O que aconteceu?

– Eu fui convocado para fazer parte de um júri e não estava nem um pouco satisfeito com aquilo. Enquanto esperava, fiquei lendo uma revista. De repente uma linda moça veio se sentar ao meu lado. Virei-me para cumprimentá-la. Seu nome era Nicole. Depois de conversarmos um pouco sobre nossos trabalhos, famílias e o incômodo causado pela escolha para compor o júri, retornei à leitura. Para minha surpresa, ela agarrou meu braço e começou a chorar, dizendo que achava que o pai a odiava. Quando perguntei por que, contou da briga terrível que os dois tiveram na noite anterior. À medida que os detalhes foram surgindo, tive a impressão de que ela não entendera corretamente o que seu pai tinha dito. Eu a ouvia repetir as mesmas palavras que eu já dissera para os meus filhos e sabia que não tinham o sentido que a moça lhes estava atribuindo. Sugeri então que ela poderia ter entendido mal. Procurei ajudá-la a ver a coisa a partir da perspectiva do seu pai, e ela ficou surpresa ao pensar que de fato podia ter-se enganado. "Então o senhor acha que meu pai me ama?", ela perguntou. Eu disse que não o conhecia e que só ele poderia responder, mas que valia a pena descobrir. Ela me falou que iria passar na casa do pai depois do júri para entender o que ele de fato tinha querido dizer.

– Isso é ótimo – João reagiu.

– E essa não é a melhor parte. Poucos minutos depois ela foi chamada e levantou-se para acompanhar os outros jurados até o salão do tribunal. Quando se despediu, num impulso pus minha mão sobre a dela, olhei-a nos olhos e perguntei: "Como vão as coisas entre você e seu Pai do Céu?" Num primeiro momento ela ficou confusa, mas depois perguntou se eu estava me referindo a Deus. Quando disse que sim, ela falou, quase rosnando: "Não aguento falar nisso. Eu O odeio." Sorri para ela e disse: "Nicole, talvez você esteja errada em relação ao seu pai aqui da Terra, mas em relação ao seu Pai do Céu está totalmente enganada. Você tem um Pai que a ama mais do que qualquer pessoa neste planeta já a amou ou virá a amar um dia." O rosto da moça se iluminou. Ela quis saber o que poderia fazer para acreditar no que eu estava dizendo. Como ela precisava ir embora, falei o que me ocorreu na hora: "Se eu fosse você, quando atravessasse aquela porta, pediria a Deus que, se Ele for tão amoroso quanto eu estou dizendo, se dê a conhecer." Nicole saiu, me garantindo que faria isso. Eu sei que Deus estava de olho nela, e foi engraçado acabar entrando numa conversa como aquela sem me arrepender mais tarde das coisas que falei.

– Quanto mais em paz nós estamos com nós mesmos, mais fácil é para Deus nos usar para tocar outras pessoas. Que história fabulosa!

– E não sou só eu. Existe muito mais gente aprendendo a viver a jornada com liberdade e alegria. Você se lembra do grupo que se reunia em casa?

– Lembro, e já ia perguntar no que deu aquilo.

– Não sei direito. Ainda nos reunimos, embora sem muita regularidade. Mas raramente as reuniões são como as que costumávamos ter. Aprendemos a viver mais como uma família e a acolher as pessoas que Deus introduz em nossas vidas. Minha história com Nicole é apenas mais uma das muitas que acontecem quando Deus nos conduz ao encontro dos outros. Laurie e eu estamos começando a nos reunir às terças-feiras à noite com um grupo de novos fiéis que querem que os ajudemos a organizar sua relação com Deus. Temos passado com eles alguns dos momentos mais agradáveis que já tivemos.

– E o Bryce?

– Ainda não sei como isso vai acabar. Temos nos visto e conversado muito. Ele continua amadurecendo, mas está meio travado, dividido entre o desejo genuíno do seu coração e as expectativas que os outros depositam nele. Isso tem criado uma espécie de separação entre os que compartilham os seus anseios mais profundos e os que se sentem ameaçados por eles. O próximo mês será crucial.

– Você vai acompanhá-lo sempre, não é?

– Incondicionalmente, mesmo sabendo que a estrada à nossa frente não promete ser fácil.

– Depois de tudo o que você já passou, eu não ficaria chocado se você fugisse de uma situação como essa.

– Uma parte minha bem que gostaria. Mas não tenho como deixá-lo sozinho nessa situação.

Nesse exato momento notamos que uma maré crescente de vozes começava a invadir nossa conversa. Sentimos o clima antes mesmo de ouvir o conteúdo. Havia tensão e raiva naquele vozerio. Erguemos os olhos e vimos umas 10 pessoas caminhando em nossa direção carregando cestas de piquenique, com as crianças correndo na frente para brincar no parque. Quando se aproximaram, as palavras se tornaram mais nítidas, e nós escutamos a conversa.

– Se eu tiver que ir a mais um desses cultos na igreja, acho que morro.

– Eu também! – respondeu um outro.

– Vocês deviam ter mais cuidado com esse tipo de conversa – repreendeu uma das mulheres.

– Por quê? Vai cair algum raio?

– Não, mas pode parar nos ouvidos do pastor, e aí vocês vão se arrepender.

– Quando comecei a frequentar essa igreja, tinha a impressão de que as pessoas eram realmente solidárias. Agora é só uma dose de culpa atrás da outra. Parece que nunca fazemos o bastante para agradar a Deus, apesar de ficarmos fora de casa quatro noites por semana em função de todas as atividades da igreja. Estou exausta, me sentindo vazia.

– Talvez o pastor não estivesse se referindo a você naquela hora.

– Não? Então por que me sinto tão culpada?

– Sei lá. Ele é bem-intencionado, e não se esqueça de que é ungido por Deus.

– Se eu ouvir aquilo mais uma vez... – um homem começou a falar e logo foi interrompido.

As palavras que se seguiram foram tão sofridas que eu me virei para ver de onde partiam. Era a senhora mais baixinha do grupo. Tinha estado calada até então, mas as palavras explodiram de sua boca como se um dique tivesse arrebentado.

– Ungido por Deus uma ova! Ele está é construindo o próprio reino, e os mais velhos, como você, ficam lá sentadinhos, deixando que ele vá em frente. Isso está acabando comigo e com a minha família, e ninguém se importa!

Alguns dos que estavam mais perto dela chegaram a engasgar. Ficaram de boca aberta, num silêncio estupefato. Até a mulher parecia chocada com as próprias palavras. Assim que se deu conta do que havia dito, enterrou o rosto nas mãos e começou a soluçar. Duas mulheres foram consolá-la. Os demais pareciam petrificados.

Voltei a olhar para João. Seus olhos estavam cerrados, como se orasse, e ele parecia sofrer. Quando ergueu os olhos para mim, um leve sorriso perpassou seu rosto.

– Você quer se incumbir disso ou quer que eu o faça?

– Incumbir-me de quê? – perguntei, não muito seguro do que ele estava falando.

João apontou com a cabeça para o grupo, que continuava num silêncio constrangedor. Alguns começaram a abrir as cestas para pegar as comidas.

– Não podemos nos intrometer na conversa deles.

– Acho que eles não iriam considerar isso uma intromissão – falou João.

– Você quer que eu converse com eles? – eu disse, sem saber como fazê-lo.

– Bom, acho que você deveria, se tiver condições – respondeu João com um sorriso. – De qualquer forma, eu preciso ir embora.

Ele levantou-se e eu fiz o mesmo.

– Adeus, Jake. – O tom era tão definitivo que meus olhos se encheram de lágrimas.

– Vou vê-lo novamente?

– É pouco provável – ele disse. – Ao menos neste lado da eternidade.

– Obrigado por tudo o que fez por mim – falei, controlando as lágrimas. – Não consigo imaginar como teria sobrevivido a tudo se não tivesse você ao meu lado.

– Não fui eu, Jake – disse João, escapando ao meu abraço e pegando uma malinha de mão que deixara sob o banco. – Foi sempre o Pai, e Ele tem inúmeras maneiras de fazer o que faz.

– Seja como for, fico feliz que tenha sido você.

– Também fico feliz por ter sido eu. Mas agora há outras pessoas precisando da sua ajuda, Jake, caso esteja preparado – disse João, apontando de novo com a cabeça para o grupo atrás de nós.

– Estou pronto, sim, mas não tenho ideia do que dizer.

– As palavras virão. Basta ir até lá e amar aquela gente.

Com isso, João me deu um tapinha no ombro e foi atravessando o parque. Eu o observei se afastar e finalmente entendi a resposta à pergunta que me assediava havia tanto tempo. Agora eu sabia quem ele era, e a resposta era extraordinariamente simples. Balancei a cabeça com um suspiro de compreensão.

Em seguida parti na direção das mesas de piquenique, ainda tentando descobrir o que poderia dizer. Nesse momento, um dos homens apontou o dedo para a mulher que tivera aquele acesso explosivo de dor.

– Você devia se envergonhar, Sally. Jesus jamais falaria desse modo.

Foi aí que as palavras corretas me vieram à mente, algo que eu ouvira muito tempo atrás, no que agora me parecia uma outra vida.

Enveredei para o meio daquele grupo e o mais gentilmente possível perguntei:

– Vocês realmente não fazem a menor ideia de como é Jesus, fazem?

E assim começou outra conversa e uma porção de histórias que agora não tenho tempo de contar.

ANEXO

POR QUE NÃO VOU MAIS À IGREJA!

Este texto, publicado na edição de maio de 2001 de BodyLife *(www.lifestream.org), vem circulando pelo mundo para oferecer uma perspectiva e uma argumentação capazes de ajudar as pessoas a compreender como é possível abraçar a vida em Cristo por muitas outras formas de relacionamento além das que a tradicional vida eclesiástica costuma proporcionar. É uma resposta a todos aqueles que defendem a necessidade de se pertencer a uma instituição determinada para fazer parte da Igreja.*

Prezado Irmão de Fé,

Agradeço muito sua preocupação comigo e sua disposição de colocar questões que causaram essa preocupação. Você sabe que a forma como me relaciono com a Igreja é um tanto anticonvencional, e há até quem a considere temerária. Creia-me, compreendo bem sua preocupação, pois eu próprio também costumava pensar dessa maneira e cheguei mesmo a ensinar outras pessoas a fazê-lo.

Se você está satisfeito com o *status quo* da atual religião institucional, talvez não goste do que vai ler aqui. Meu objetivo não é convencê-lo a ver essa incrível Igreja da mesma forma que eu, e sim responder a suas perguntas o mais aberta e honestamente que puder. Mesmo que acabemos não concordando, espero que entenda que nossas diferenças não nos distanciam necessariamente enquanto membros do corpo de Cristo.

A QUE IGREJA VOCÊ VAI?

Jamais gostei dessa pergunta, mesmo quando era capaz de responder a ela citando uma organização específica. Conheço seu significado cultural, mas ela se baseia numa falsa premissa – a de que a igreja é um *lugar* aonde se pode ir, da mesma maneira como se vai a um evento, a uma festa ou se frequenta um grupo organizado. Penso que Jesus vê a Igreja de modo totalmente distinto. Ele não fala dela como de um lugar aonde se vai, mas como um *modo de viver* na relação com Ele e com os que O seguem.

"Igreja" é uma palavra que não identifica um local ou uma instituição. Ela descreve um povo e como os membros desse povo se relacionam uns com os outros. Quando se perde isso de vista, nossa compreensão da Igreja fica distorcida e deixamos de usufruir a alegria que ela pode nos dar.

Jesus não fala da Igreja como de um lugar aonde se vai, mas como um modo de viver na relação com Ele e com os que O seguem.

VOCÊ NÃO ESTARÁ APENAS TENTANDO ESCAPAR DA PERGUNTA?

Sei que o que eu disse pode soar como um mero jogo de palavras, mas as palavras são importantes. Quando atribuímos o termo "igreja" somente a cultos semanais ou a instituições que se autointitulam "igrejas", perdemos o significado profundo do que seja viver como corpo de Cristo. Isso nos dá uma falsa sensação de segurança, fazendo com que achemos que, por comparecer a um encontro uma vez por semana, estamos participando da Igreja de Deus.

Da mesma forma, ouço as pessoas falando em "abandonar a igreja" quando deixam de frequentar determinada congregação. Mas se a Igreja é algo que somos, e não um lugar qualquer a que comparecemos, como é possível abandoná-la, a não ser que abandonemos o próprio Cristo? E, se considero apenas determinada congregação "minha igreja", não estarei deixando de acolher outros irmãos e irmãs que não frequentam a mesma congregação que eu?

A ideia de que apenas aqueles que se reúnem nas manhãs de domingo para assistir a uma celebração religiosa ou a uma palestra fazem parte da Igreja – excluindo os demais – seria estranha a Jesus. A questão não é onde estamos num determinado momento do fim de semana, e sim como estamos vivendo com Jesus e com outros fiéis ao longo da semana.

MAS NÃO PRECISAMOS DE REUNIÕES REGULARES?

Eu não diria que precisamos de reuniões. Se vivêssemos num lugar onde não fosse possível estar com outros fiéis, Jesus certamente seria capaz de cuidar de nós. Assim, eu colocaria a pergunta de forma um pouco diferente: as pessoas que estão aprendendo a conhecer melhor o Deus vivo vão querer ligações reais e significativas com pessoas que compartilham a mesma crença? Evidentemente! O chamado para o reino de Deus não é um convite ao isolamento. Todas as pessoas que conheço e que estão florescendo na vida de Jesus sentem vontade de entrar em autêntica comunhão com outras que possuem essa mesma crença.

Essa espécie de comunhão, porém, não é fácil de achar. Periodicamente, nessa jornada, há ocasiões em que não parecemos encontrar outros crentes com quem partilhar nossa fome de Deus. Isso acontece sobretudo com quem percebe que se conformar às expectativas das instituições religiosas pode acabar enfraquecendo seu relacionamento com Jesus. Talvez eles se sintam excluídos por fiéis com os quais mantiveram durante anos uma amizade estreita. Mas quem passa por essa situação não a vê como uma ameaça. É sem dúvida incrivelmente doloroso, e essas pessoas irão procurar outros crentes profundamente desejosos de partilhar a jornada.

Minha tradução predileta de vida em comunidade é a de um grupo de pessoas que escolhem caminhar juntas durante um pequeno trecho da jornada, cultivando amizades estreitas e aprendendo juntas a ouvir Deus.

NÓS NÃO DEVERÍAMOS ESTABELECER UM COMPROMISSO COM DETERMINADA INSTITUIÇÃO?

A ideia de compromisso com determinada instituição é repetida com tamanha frequência que a maioria de nós chega a acreditar que ela se encontra em algum trecho da Bíblia. Mas eu nunca a encontrei. Muitos de nós fomos levados a crer que se não tivéssemos a "cobertura do grupo" cairíamos no erro ou em pecado. Mas será que isso não acontece também no interior da nossa igreja particular?

Sei de muita gente que, apesar de não pertencer a qualquer instituição, não só desenvolve um relacionamento em grande profundidade com Deus como estabelece com outros crentes ligações mais intensas do que as que manteria dentro da instituição. Eu não perdi nem um pouco da minha paixão por Jesus ou do meu apreço por sua Igreja. Pelo contrário, ambos aumentaram muito, e com grande rapidez, nos últimos anos.

As Escrituras nos encorajam, isso sim, a sermos devotados uns aos outros, independentemente de qualquer instituição. Jesus deu a entender que sempre que duas ou três pessoas se reunirem em Seu nome Ele estará entre elas.

Claro que pode ser útil participar regularmente de determinada instituição. Mas nos enganamos totalmente quando acreditamos que a comunhão só se dá por frequentarmos o mesmo evento juntos regularmente ou por pertencermos à mesma organização. A comunhão se dá quando as pessoas partilham suas jornadas rumo ao conhecimento de Jesus e consiste numa partilha livre e honesta, numa preocupação genuína com o bem dos outros e o estímulo mútuo para seguir Jesus, não importando o caminho pelo qual Ele nos conduza.

MAS AS NOSSAS INSTITUIÇÕES NÃO NOS LIVRAM DO ERRO?

Sinto discordar, mas toda grande heresia que oprimiu o povo de Deus nos últimos 2 mil anos proveio de grupos organizados com "líderes" que achavam que detinham com exclusividade o conhecimento da mente de Deus. Nessas instituições, cada movimento de Deus em direção aos que tinham verdadeira fome Dele era praticamente rejeitado. Muita gente foi excomungada ou executada por seguir Deus.

Se é na instituição que você espera obter segurança, receio que esteja sumamente equivocado. Jesus não nos disse que "ir à igreja" nos salvaria, mas que confiar Nele, sim. Deu-nos uma unção do Espírito para que pudéssemos saber a diferença entre verdade e erro. Essa unção é cultivada à medida que aprendemos Seus caminhos com base em Sua palavra e vamos crescendo mais próximos ao Seu coração. Isso nos ajuda a reagir quando certas expressões da igreja a que pertencemos se tornam impeditivas da obra de Jesus em nós.

ISSO SIGNIFICA QUE AS CONGREGAÇÕES TRADICIONAIS ESTÃO ERRADAS?

Absolutamente! Tenho encontrado em muitas delas gente que ama Deus e está buscando crescer em Seus caminhos. Costumo visitar todo ano umas 20 congregações diferentes que me parecem muito mais centradas no relacionamento do que na religião. Jesus está no centro de sua vida comunitária, e os que atuam como líderes são verdadeiros servos e não fazem jogo político de controle e manipulação, de maneira que todos são incentivados a se cuidar reciprocamente.

Oro para que mais pessoas se renovem assim na paixão por Jesus, na preocupação genuína com as outras e no desejo de servir o mundo com o amor de Deus. Mas creio que devemos admitir que ainda são exemplos raros nas nossas comunidades. Muitas resistem por um curto período, para depois, mesmo inconscientemente, passarem a oferecer respostas institucionais às necessidades dos seus membros, em vez de permanecerem dependentes de Jesus. Se isso ocorrer, não se sinta condenado caso Deus não o conduza junto com elas.

Todas as pessoas que eu conheço e que estão florescendo na vida de Jesus sentem vontade de estar em autêntica comunhão com quem professa a mesma crença.

ENTÃO EU DEVERIA DEIXAR DE IR À IGREJA?

Receio que essa pergunta também esteja mal colocada. Não creio que você vá à igreja mais do que eu. Todos somos parte dela. Faça sua parte da forma como Jesus lhe pede e nos lugares em que Ele o coloca. Nem todos nos desenvolvemos no mesmo ambiente.

Se você se reúne com um grupo de cristãos numa hora e num lugar determinados, e se essa participação o ajuda a ficar mais próximo de Jesus e de seguir a obra Dele em você, eu não acho, de modo algum, que deva sair. Tenha em mente, porém, que essa não é *a* Igreja, mas apenas uma das muitas expressões dela no local em que você vive.

Não se deixe enganar achando que só porque frequenta as reuniões está experimentando a autêntica vida em comunidade. Esta só acontece quando Deus o conecta com um punhado de irmãos e irmãs com quem você é capaz de construir amizades estreitas e compartilhar os verdadeiros desafios da jornada.

Isso pode se dar em congregações tradicionais, como também fora delas. Nos últimos sete anos eu me deparei com centenas, se não milhares, de pessoas que, cada vez mais decepcionadas com as congregações tradicionais, estão florescendo espiritualmente ao partilhar a vida de Deus com outros, na maioria das vezes em suas próprias residências.

OU SEJA: REUNIR-SE EM CASA É A RESPOSTA?

É evidente que não. Mas sejamos claros: por mais agradável que seja participar de cultos em grandes ambientes e ter mentores talentosos, o autêntico prazer da vida em comunidade não pode ser partilhado em grupos excessivamente grandes. Durante seus primeiros 300 anos a Igreja primitiva encontrou nas casas o lugar perfeito para se reunir. Os lares são muito mais adequados à dinâmica familiar, que é como Jesus descrevia Seu corpo.

Mas reunir-se em casa não é a solução. Participei de algumas reuniões caseiras bastante problemáticas e encontrei em instalações convencionais grupos que partilhavam uma genuína vida em comunidade. Mas eu pessoalmente prefiro grupos menores que se reúnem em casa. Sei que isso não é muito comum hoje em dia, pois as pessoas consideram mais fácil frequentar um culto tradicional, com seus cantos e rituais, e depois ir para casa, sem nunca ter que se abrir a respeito da própria vida ou demonstrar interesse pela jornada de outras pessoas.

O que verdadeiramente me importa não é onde ou como as pessoas se reúnem, mas se elas se concentram ou não em Jesus e se de fato ajudam-se umas às outras para se tornarem como Ele. A questão aqui é sobretudo a qualidade do relacionamento. Estou sempre em busca de pessoas assim e me regozijo quando as encontro. Em nossa nova casa em Moorpark, nós conhecemos alguns companheiros e temos esperança de encontrar outros mais.

É mais importante que nossos filhos experimentem a verdadeira comunhão entre fiéis do que a badalação de um programa para crianças bem-comportadas.

VOCÊ ESTÁ REAGINDO A ALGUMA DOR?

Talvez sim, só o tempo dirá, mas honestamente não acredito. Qualquer um que se envolva com a autêntica vida em comunidade poderá eventualmente se machucar. Mas há duas espécies de ferida. Há o tipo de dor causada por um problema que pode ser tratado com os cuidados corretos – como um tornozelo gravemente torcido – e há aquele tipo de dor que só pode ser reparada com o afastamento – como quando alguém põe a mão num ferro quente.

Possivelmente todos nós já experimentamos alguma espécie de dor ao tentar adequar a vida de Deus às instituições. Durante bastante tempo muitos se mantiveram nelas, na esperança de que, mudando algumas coisas, tudo iria melhorar. Embora possamos ter tido algum êxito em certos momentos de renovação, acabamos descobrindo que a adaptação que toda instituição exige é incompatível com a liberdade de que as pessoas necessitam para crescer em Cristo. Isso ocorreu com praticamente todos os grupos que se constituíram ao longo da história do cristianismo.

VOCÊ ESTÁ EM BUSCA DA IGREJA PERFEITA?

Não, e não acredito que venha a encontrá-la neste lado da eternidade. Minha meta não é buscar a perfeição, mas encontrar gente que faça de Deus sua prioridade.

Confesso que me sinto profundamente incomodado com a situação em que se encontra o cristianismo institucional. Boa parte do que hoje chamamos de "igreja" não passa de uma encenação bem planejada, com pouquíssima ligação efetiva entre os fiéis. Estes são muito mais estimulados a depender cada vez mais do sistema ou de seus líderes do que do próprio Jesus. Gastamos mais energia adaptando nosso comportamento àquilo de que a instituição necessita do que ajudando as pessoas a se transformarem!

Cansei de tentar estabelecer uma comunhão com gente que concebe a "igreja" apenas como um lugar onde um grupo passa duas horas por semana expiando a culpa, enquanto vive o restante da semana com as mesmas prioridades mundanas. Cansei daqueles que exaltam as próprias obras piedosas, mas que não demonstram compaixão pelos outros. Cansei de gente insegura que usa o corpo de Cristo como uma extensão de seus egos e que manipula a comunidade para satisfazer as próprias necessidades. Cansei de sermões que contêm mais regras e moralismo do que a liberdade do amor divino e nos quais os relacionamentos ficam em segundo plano perante as demandas da instituição.

MAS SERÁ QUE NOSSAS CRIANÇAS NÃO PRECISAM DE ATIVIDADES NA IGREJA?

Eu diria que o que elas precisam realmente é ser integradas à vida de Deus por meio da comunhão com os demais fiéis. Noventa e dois por cento das crianças que frequentam regularmente as escolas dominicais dotadas de todo tipo de entretenimento sofisticado abandonam a "igreja" quando deixam a casa dos pais. Em vez de encher nossos filhos de regras morais e regulamentos, precisamos mostrar-lhes como viver juntos na vida de Deus.

Os próprios sociólogos nos dizem que o principal fator que leva uma criança a florescer em sociedade é possuir amizades pessoais profundas com outros adultos além de seus parentes próximos. Nenhuma escola dominical é capaz de cumprir essa função. Conheço uma comunidade na Austrália cujas famílias, após 20 anos compartilhando a vida de Deus, podem dizer que nem uma única de suas crianças abandonou a fé na idade adulta. Sei que estou remando contra a maré, mas é muito mais importante que nossos filhos experimentem a verdadeira comunhão entre fiéis do que a badalação de um programa para crianças bem-comportadas.

QUE DINÂMICA DE VIDA EM COMUNIDADE VOCÊ PERSEGUE?

Estou sempre em busca de gente que esteja tentando seguir o Cristo vivo. Ele está no centro das vidas, das atenções, das conversas dessas pessoas. Elas parecem autênticas e deixam as demais livres para questionar, duvidar, discordar e para seguir a voz do Senhor sem serem acusadas de rebeldia ou de separatismo. Busco gente que não desperdice seu dinheiro em construções extravagantes ou em programas feitos para impressionar. Procuro pessoas que se sintam em comunhão, mesmo quando estão ao lado de estranhos. Vou em busca de grupos em que todos participam ativamente e não são meros assistentes passivos colocados a uma distância segura do chamado líder.

DESSE MODO VOCÊ NÃO ESTARÁ DANDO ÀS PESSOAS UM PRETEXTO PARA QUE FIQUEM EM CASA SEM FAZER NADA?

Espero que não, mesmo sabendo que esse risco existe. Compreendo que algumas pessoas que abandonam as congregações tradicionais acabem se acomodando e se omitindo de qualquer vida eclesial. Também não sou a favor de quem fica por aí, pulando de igreja em igreja, atrás da última moda ou da melhor oportunidade para satisfazer seus desejos mais egoístas.

A maior parte das pessoas que encontro e com quem falo, porém, não está fora do sistema por ter perdido a paixão por Jesus ou por Seu povo, e sim porque as congregações tradicionais mais próximas não foram capazes de lhes satisfazer a fome de relacionamento. Estão em busca de expressões autênticas de vida em comunidade e pagam um preço altíssimo para alcançá-las. Pode acreditar em mim: todos nós acharíamos mais fácil nos deixar levar pela maré, mas, depois de experimentarmos a comunhão viva entre fiéis fervorosos, é impossível nos conformarmos com menos.

ESSA CONCEPÇÃO DE IGREJA NÃO CRIARIA UMA DIVISÃO?

Não acho. As pessoas criam a divisão ao exigir que as demais se adaptem à sua própria revelação da verdade. Muitos de nós, na jornada, somos acusados de promover a divisão porque a liberdade pode ser ameaçadora para quem encontra segurança num sistema religioso fechado. Mas a maioria de nós não está tentando convencer outras pessoas a abandonar suas congregações. Consideramos a comunidade cristã grande o bastante para acolher o povo de Deus, seja qual for a maneira pela qual Ele o reúna.

Hoje não precisamos mais ficar falando sobre a Igreja.
Precisamos é de gente preparada para viver a realidade dela.

ONDE SE PODE ENCONTRAR ESSA ESPÉCIE DE COMUNHÃO?

Não há uma resposta fácil para essa pergunta. Essa comunhão pode estar bem à sua frente, vivida com companheiros com quem você partilha livremente a vida. Pode estar na sua rua ou na mesa ao lado da sua no ambiente de trabalho. Você também pode se engajar em atividades assistenciais que beneficiam os mais necessitados e carentes do seu bairro como forma de colocar em prática a vida de Deus em você, e aí encontrar outras pessoas com fome semelhante à sua.

Não espere que essa espécie de comunhão se dê facilmente dentro de uma organização. Olhe em torno e talvez você descubra que Jesus já o guiou até onde há comunhão. Acredite nisso, e Ele reunirá meia dúzia de companheiros com os quais você possa compartilhar a jornada. Talvez eles não pertençam à sua congregação. Serão vizinhos ou colegas de trabalho que estão seguindo Deus.

Não espere que isso seja fácil ou que ocorra tranquilamente. Ser obediente a Jesus demandará certas decisões específicas de sua parte. Descartar velhos hábitos e ser livre para permitir que Ele erga sua comunidade em torno de você exigirão alguma preparação, mas certamente valerá a pena. Sei que incomoda certas pessoas o fato de eu não tomar meu assento num banco de igreja todo domingo de manhã, mas posso lhe garantir, com absoluta certeza, que meus piores momentos fora da religião institucional são, ainda assim, melhores do que meus melhores dias dentro dela. Para mim, a diferença é como ficar escutando alguém falar de golfe ou juntar alguns tacos e sair para jogar. Estar na Igreja em torno da vida de Jesus é sair para jogar. Hoje não precisamos mais ficar falando sobre a Igreja. Precisamos é de gente preparada para viver a realidade dela.

Ultimamente as pessoas no mundo inteiro vêm redescobrindo como fazer isso. Você pode ser uma delas, se permitir que Jesus o integre à Sua comunidade tal como Ele deseja.

AGRADECIMENTOS

O processo de elaboração deste livro significou uma jornada de quatro anos, durante a qual submetemos a primeira versão de cada capítulo sucessivamente a uma leitura on-line. Esperávamos concluir tudo em um ano, mas levamos quatro. Assim, queremos agradecer em especial aos pacientes leitores que enfrentaram conosco a experiência, nos encorajaram com seus comentários e contribuíram com suas próprias histórias e seus questionamentos para o conteúdo final.

Contamos ainda com pessoas maravilhosas que leram e corrigiram os textos para nós. Bruce e Judy Woodford trabalharam conosco cada capítulo em busca de erros e sugerindo ideias. Nesta edição, incluímos outros editores para ajudar na preparação do original: Kate Lapin, Julie Williams, Paul Hayden e Mitch Disney. Obrigado a todos. Se algum erro sobreviveu a seus esforços de revisão, terá sido provavelmente pela irresistível compulsão de Wayne para aprimorar o original até o último segundo possível.

Queremos também agradecer às nossas mulheres, pelo apoio e estímulo incondicionais, e aos muitos irmãos e irmãs que ajudaram a nos apontar "um caminho muito melhor".

SOBRE OS AUTORES

Jake Colsen é a combinação dos nomes de dois grandes amigos, colegas e companheiros de jornada:

WAYNE JACOBSEN anda pelo mundo ajudando as pessoas a praticar o que Jesus efetivamente ensinou sobre a vida no Pai e na relação com outros membros da comunidade. Seus livros e artigos podem ser encontrados em www.lifestream.org. Foi editor-colaborador do *Leadership Journal* por mais de 20 anos e também co-hospeda um *podcast* semanal no endereço www.thegodjourney.com, dirigido àqueles que estão fora do esquadro da religião institucional. Colaborou também no livro *A cabana*, de William P. Young, publicado no Brasil pela Editora Arqueiro. Mora com a mulher, Sara, em Moorpark, Califórnia, e pode ser contatado em 7228 University Drive – Moorpark, CA 93021 – (1 805) 529-1728 – waynej@lifestream.org.

DAVE COLEMAN foi pastor e capelão de hospital psiquiátrico, mas sua existência tem sido mais efetivamente dedicada a ajudar outros irmãos a empreender a jornada da vida em Jesus. Tem feito inúmeras palestras e conferências sobre temas como o casamento e a vida na graça e no propósito de Deus. Trabalhou ainda como voluntário na área de reabilitação de alcoólicos. Mora em Visalia, Califórnia, com a mulher, Donna. Seu endereço eletrônico é dcoleman7070@att.net.

INFORMAÇÕES SOBRE OS PRÓXIMOS LANÇAMENTOS

Para saber mais sobre os títulos e autores
da Editora Arqueiro,
visite o site www.editoraarqueiro.com.br
ou siga @editoraarqueiro no Twitter.
Além de informações sobre os próximos lançamentos,
você terá acesso a conteúdos exclusivos e
poderá participar de promoções e sorteios.

Se quiser receber informações por e-mail,
basta cadastrar-se diretamente no nosso site.

Para enviar seus comentários sobre este livro,
escreva para atendimento@editoraarqueiro.com.br
ou mande uma mensagem para @editoraarqueiro no Twitter.

Editora Arqueiro
Rua Funchal, 538 – conjuntos 52 e 54 – Vila Olímpia
04551-060 – São Paulo – SP
Tel.: (11) 3868-4492 – Fax: (11) 3862-5818
E-mail: atendimento@editoraarqueiro.com.br